Natalja Walerewna Lukjanowa
Dmitri Dmitrijewitsch Schostakowitsch

**SERIE MUSIK**
**PIPER·SCHOTT**
Band 8284

*Zu diesem Buch*

Bereits zu seinen Lebzeiten galt Dmitri Schostakowitsch als einer der bedeutendsten Komponisten unserer Epoche. »Das ist eine Musik, bei deren Hören man zu glauben beginnt, die Räume rückten auseinander und die Decke schwebe nach oben.«

Wie hier Sibelius, äußerten sich auch andere Fachleute. Schostakowitschs Wirken kann man jedoch nicht ausschließlich nach musikalischen Aspekten betrachten: er war ein Komponist, der in der Sprache und mit den Mitteln der Musik sich den Grundfragen und Problemen der Gegenwart stellte.

Der Autorin gelingt es, in diesem Buch nicht nur das Werk, sondern vor allem auch die ungewöhnliche Persönlichkeit Schostakowitschs auf anschauliche Weise nachzuzeichnen.

Natalja Walerewa Lukjanowa

# Dmitri Dmitrijewitsch
# Schostakowitsch

Schott Mainz · Piper München

SERIE MUSIK
PIPER · SCHOTT

ISBN 3-7957-8284-8 (Schott)
ISBN 3-492-18284-4 (Piper)
August 1993
B. Schott's Söhne, Mainz · BSS 47751
Lizenzausgabe mit Genehmigung des Verlags Neue Musik, Berlin
© 1980 Verlag muzyka, Moskau
© 1982 für die deutsche Übersetzung Verlag Neue Musik, Berlin
Umschlaggestaltung: Federico Luci
Satz: Druckhaus Aufwärts, Leipzig
Druck und Bindung: Clausen & Bosse, Leck
Printed in Germany

# Inhalt

# AN DEN LESER

Dieses Buch berichtet über Dmitri Dmitrijewitsch Schostakowitsch, sein Leben und Schaffen und das Schicksal seiner Werke. Die Musik von Schostakowitsch, einem der großen Künstler unseres Jahrhunderts, erklingt seit vielen Jahren in den Konzert- und Opernsälen der ganzen Welt. Ihre hohen künstlerischen Qualitäten und die beispiellose ethische Wirkung rufen die Begeisterung eines Millionen umfassenden Publikums hervor. Im Laufe von fünf Jahrzehnten wurden über den Komponisten Dutzende von Monographien und Hunderte von Artikeln verfaßt. Jede dieser Abhandlungen, sei es eine spezielle Untersuchung oder ein für breite Leserkreise bestimmtes Buch, ist von Verehrung für das Genie und den Wahrheitsgehalt in Schostakowitschs Musik diktiert.

Im Jahre 1921, als der Name Schostakowitsch neben

anderen sowjetischen Musikern in der Zeitung *Das Leben der Kunst* erstmalig erwähnt wurde, hat der Verfasser dieser Zeitungsnotiz Schostakowitschs Bedeutung für die Geschichte der Weltkultur wohl kaum vorauszuahnen vermocht. Und doch ist diese Erwähnung symptomatisch. Ein so großes Interesse an einem jungen Komponisten wäre nämlich nicht möglich gewesen, wenn es in dessen Kompositionen, selbst in den Frühwerken, nicht jene seltene Schärfe der Wahrnehmung und jenen mächtigen schöpferischen Impuls gegeben hätte, die Schostakowitsch in seinen biographischen, viele Jahre später verfaßten Aufzeichnungen als «das Bestreben, das Leben widerzuspiegeln» bezeichnet hat. Bis an sein Lebensende blieb er in allen seinen Schöpfungen, unabhängig davon, zu welcher Musikgattung diese zählen, diesem Grundsatz treu.

In einer Untersuchung, die Dmitri Schostakowitsch gewidmet ist, schrieb Marietta Sergejewna Schaginjan: «Ein großes Werk verleiht der Epoche ihren Stil.» Schostakowitschs Meisterwerke sind tatsächlich unmittelbare Produkte unserer komplizierten und schönen Zeit. Sie sind von der Gegenwart geprägt als Aussage eines Augenzeugen und sie stehen gleichzeitig außerhalb der Zeit wie alles, was zum Schatz menschlichen Geistes gehört. Seine Musik ist die Chronik einer großen Epoche und sie bildet eine großartige Chronik der Epoche. Als ausgesprochen nationaler Künstler und Patriot, war Schostakowitsch in der Kunst ein Weltbürger und deshalb kennt seine Kunst keine Grenzen. Auf einem der internationalen Foren, das die Abgesandten guten Willens der ganzen Erde versammelte, erklangen die leidenschaftlichen Worte des Komponisten: «Mögen alle begreifen, wie schön die Welt ist! Wir, die die Sprache der Menschheit sprechen, die Sprache der Wissenschaft und der Kunst, die Sprache der Kultur, wir sind verpflichtet, die Menschen überall und immer daran zu erinnern!» Dieser Pflicht blieb er bis zum Ende treu.

«Jeder Mensch ist eine ganze Welt, die mit ihm geboren wird und mit ihm stirbt», hat Goethe einmal festgestellt. In der Tat, Geburt und Tod sind Schicksal eines jeden Menschen. Die Meisterwerke der Kunst leben indes nach anderen Gesetzen. Goethes Dichtkunst und Schostakowitschs Musik, sie haben ein anderes Schicksal – das der ewig lebendigen Kunst. Mögen noch so viele Jahre vergehen, mögen die *Fünfte* oder *Siebente Sinfonie*, die *Vierundzwanzig Präludien und Fugen* oder das *Fünfzehnte Streichquartett* in einem noch so fernen Land erklingen, stets werden die Menschen sagen: «Diese wunderbare Musik hat Dmitri Schostakowitsch komponiert. Unser Zeitgenosse.»

Der September des Jahres 1975 in Moskau war klar und versonnen, das Wetter erfreute durch die Wärme, einen ruhigen blauen Himmel und die Durchsichtigkeit der Luft. Der Wind bewegte leise die Kronen der Bäume auf den Boulevards und verbreitete in der Stadt einen Geruch von modrigem Laub. Der Herbst bereitete sich gemächlich auf sein Ende vor – ohne leuchtende Farben und ohne Feierlichkeit.

Am Sonntagabend des 14. September pilgerten Gruppen festlich gekleideter Menschen durch die Herzenstraße zum Gebäude des Konservatoriums. Viele begrüßten ihre Bekannten, während sie sich dem Kleinen Saal näherten, und stiegen bedächtig und miteinander plaudernd die weißen Marmorstufen zum dritten Stock hinauf. Es herrschte die für Musikabende übliche feierliche

Stimmung. Die Hauptstadt eröffnete ihre neue Konzertsaison und als erstes trat im Kleinen Saal des Konservatoriums das Staatliche Beethovenquartett auf. Im Programm war das *Fünfzehnte Streichquartett* von Dmitri Schostakowtisch angekündigt, eines der letzten Werke des Komponisten.

Als sich das deutlich konturierte Viereck der Bühne erhellte und die vier Musiker an den Notenpulten verharrten, als sich schließlich die feinen Saiten erwartungsvoller Stille strafften, legte das älteste Ensemblemitglied Dmitri Michailowitsch Zyganow die Geige langsam auf den Stuhl und trat an den Bühnenrand. Er sprach leise, fast ruhig, doch seine Worte voll Schmerz und Stolz berührten die im Saal stehenden Menschen tief.

Vor fünfzig Jahren, im März 1925, waren sie sich zum ersten Mal in diesem Saal begegnet: das Studentenquartett des Moskauer Konservatoriums und der neunzehnjährige Zögling des Leningrader Konservatoriums. Das Studentenensemble wurde bald darauf ein weltberühmtes Künstlerkollektiv, der junge Musiker - ein berühmter Komponist. Eine schwere und glückliche Arbeit verband diese fünf ein halbes Jahrhundert, und die «Beethovenianer» waren die ersten Interpreten nahezu sämtlicher Kammermusikwerke Schostakowitschs. Als Zeichen lange währender Freundschaft, Dankbarkeit und zur Erinnerung widmete er zwei Quartette dem Ensemble und vier je einem der Musiker persönlich. Nun gedachten sie seiner mit dem heutigen Konzert. Die Musik setzte ein.

Seit fast einem Jahr war sie bekannt: Man hörte sie bereits in Leningrad und in Moskau, die Presse hatte sie dankbar und begeistert aufgenommen und die Musikwissenschaft ihren Aufbau und Inhalt erläutert. Und trotz alledem entfaltete sie sich an diesem Abend auf neue Weise. Mit einer strengen und traurigen Melodie der Geige begann das musikalische Gespräch, dann führten alle vier Stimmen das bedächtige Erzählen fort, bei dem ein jeder etwas eigenes heraushörte: Liebe und Haß, Hoffnungen und Enttäuschungen, Freude und Leid. Sechs Sätze ausschließlich langsamer und ausschließlich in Moll gehaltener Musik (die Musikwelt kennt kaum ein anderes ähnliches Beispiel), erklangen vor den Zuhörern. Es waren gleichsam sechs Kapitel eines großen und schweren Menschenschicksals. Elegie (Adagio), Serenade (Adagio), Intermezzo (Adagio), Nocturne (Adagio), Trauermarsch (Adagio molto) und Epilog (Adagio). Erstaunlich, daß die letzten Takte des verklingenden Epilogs plötzlich zur Anfangsmelodie des Quartetts zurückfanden und sie noch lange ausklingen ließen.

Der Kreis schloß sich. Im Verlöschen entstand das Zukünftige. Und ebenso ruhig vollzog sich diese Bewegung in der Musik, wie sie sich hinter den hohen Fenstern des Konservatoriums vollzogen hatte – im schlichten und ewigen Ritual der Natur, die würdevoll ihrem Ende um ihres Anfangs willen entgegen sah.

# DIE LEHRJAHRE

## Der Beginn

Er blickt uns aus einem alten Familienalbum an, das voll von abgegriffenen und dadurch fast samtweichen Ecken ist, blickt von den Bildern, die jedes Jahrzehnt mit Gilb und den bizarren Rissen der Bruchstellen überzogen hat. Unter den Aufnahmen finden sich einige ganz alte, die einst auf den festen Karton aufgeklebt wurden, mit dem stolz prangenden Stempel des Photographen auf der Rückseite. Ein Spinnennetz von Papierrissen bedeckt die Gesichter mit tiefen Falten. Großmutter und Großvater...

Das Schicksal führte sie in den sechziger Jahren des vorigen Jahrhunderts in Moskau zusammen – den Sohn eines Veterinärmediziners aus Wilnjus, Boleslaw Schostakowitsch, und die Tochter eines Saratower Gouvernements-Kassenverwalters, Warwara Schaposchnikowa. Ihre

Jugend war die Jugend Rußlands, die bei abendlichen Studentenzusammenkünften Bücher von Tschernyschewski und Herzen las, wagemutige und aufrührerische illegale Aktionen der Narodniki begrüßte und die vom Geist der revolutionären Ideen durchdrungen war. Die Einzelheiten der Biographie Boleslaws und Warwaras sind kurz und bündig, wie die Protokolle der von der zaristischen Geheimpolizei aufbewahrten Mitteilungen, geheimen Anzeigen und Urteile. Infolge der Massenverhaftungen in der Strafsache Dmitri Karakosow stellte sich heraus, daß Schostakowitsch an dem Gefängnisausbruch des polnischen Revolutionärs Jaroslaw Dombrowski, der am Aufstand von 1863 teilgenommen hatte und später General der Pariser Kommune wurde, beteiligt war. Boleslaw geriet der Geheimpolizei in die Hände, überstand mannhaft sämtliche Etappen der Untersuchungshaft und wurde im Oktober 1868 ins Gouvernement Tomsk verbannt (er war damals kaum 20 Jahre alt). Man beschuldigte ihn, den zur Zwangsarbeit verurteilten Staatsverbrecher Jaroslaw Dombrowski versteckt und diesem falsche Ausweispapiere beschafft zu haben.

In den Geheimakten, die den Verbannten auf jeder Etappe begleiteten, wurden vermutlich Boleslaws Aktivität und seine sachliche Art, seine glänzenden organisatorischen Fähigkeiten und seine Autorität unter den Kameraden vermerkt. Es wurde deshalb verfügt, ihn unter ständige Polizeiaufsicht zu stellen. Warwara, die ihr Leben entschlossen in den Dienst der revolutionären Bewegung gestellt hatte, folgte Schostakowitsch freiwillig nach Sibirien.

Nach Familienerzählungen, Dokumenten und Erinnerungen läßt sich ein Bild davon machen, wie Boleslaw Petrowitsch und Warwara Gawrilowna in der Verbannung lebten. Da sie ihre revolutionäre Tätigkeit nicht einstellten, überführte man sie von Tomsk nach Narym, einen weitabgelegenen und trostlosen Ort. In Narym brachten sie Bauernkindern das Lesen bei und betrieben Gemüseanbau, um wenigstens recht und schlecht die Familie zu ernähren (diese umfaßte inzwischen neben den Eltern zwei Töchter und vier Söhne). Nachdem sie schließlich mit Mühe die Erlaubnis erhalten hatten, nach Irkutsk umzusiedeln, konnten die Eheleute dort ihre zuvor nicht abgeschlossene Ausbildung vervollständigen, beschäftigten sich mit wissenschaftlichen Forschungen und Publizistik, hielten Vorträge im Irkutsker Museum und wurden bekannte und geachtete Persönlichkeiten der Stadt. Boleslaw Petrowitsch und Warwara Gawrilowna bemühten sich, ihren Kindern eine möglichst gute Erziehung zu bieten und weckten deren Interesse für Literatur, Musik und Theater.

Einen Sohn, Dmitri, schickten sie zum Studium nach Petersburg, und im Jahre 1900 absolvierte dieser Sohn mit Auszeichnung die dortige Universität im Fach Ingenieurchemie. Man erkannte seine Veranlagung zu wissenschaftlicher Tätigkeit, und Mendelejew forderte Schostakowitsch auf, im Hauptamt für Meßwesen mitzuarbeiten: Der namhafte russische Wissenschaftler benötigte junge, begabte Mitarbeiter, brauchte Gleichgesinnte. Bereits in den ersten Monaten seines beruflichen Wirkens zeigte sich die ausgesprochen sachliche Art des jungen Mannes, eine Eigenschaft, die er von seinen Eltern geerbt hatte, so wie er ihnen auch Kontaktfreudigkeit, geistige Kraft, moralische Festigkeit und gesellschaftliches Pflichtbewußtsein verdankte.

In Petersburg lebte er sich schnell ein. Er fand das Wohlwollen seiner Kommilitonen, später seiner Kollegen, und erwarb zahlreiche Freunde und Bekannte. Besonders gefiel ihm die sanfte und ausgeglichene Sofja Kokoulina. Sie, Tochter eines Goldgrubenverwalters in Jakutien, studierte bereits seit einigen Jahren in einer Klavierklasse des Petersburger Konservatoriums und bereitete sich auf eine musikpädagogische Tätigkeit vor.

Beide interessierten sich für Literatur und Musik, beide hatten ihre Kindheit und Jugend in Sibirien verbracht. Er machte ihr einen Heiratsantrag, und 1902 ließen sich Dmitri Boleslawowitsch und Sofja Wassiljewna mit elterlichem Segen trauen. Die junge Generation der Familie Schostakowitsch erreichte nun das Erwachsenenalter, und das alte Album bewahrt für die Nachkommen Aufnahmen ihres glücklichen Familienlebens.

Zuerst fiel ihnen dieses Leben schwer. Sofja Wassiljewna gab bald ihr Musikstudium auf und widmete sich voll der Familie: Die erste Tochter Marija brauchte ständige Fürsorge. Zudem hatten sie große Schwierigkeiten, eine passende Wohnung zu finden, und die Schostakowitschs zogen mit ihrem spärlichen Hausrat ständig um, mit Büchern, Noten und einem alten Klavier. Im Sommer 1906 richteten sie sich endlich in der Podolskaja-Straße 2 ein. Am 25. September 1906 wurde hier ein Sohn geboren, den sie nach dem Vater Dmitri nannten.

Drei Jahre später, nachdem die jüngere Schwester Soja das Licht der Welt erblickt hatte, wurde es zu eng in der Podolskaja, und bald darauf bezog die Familie, diesmal für längere Zeit, eine schöne Sechszimmerwohnung in der Nikolajewskaja 9. Dieses Haus, unweit des Nikolajewski-(heute Moskauer) Bahnhofs ist erhalten geblieben, ein gewöhnliches Haus, wie es deren Hunderte gibt, ohne besonderen Glanz in der Stadt Dostojewskis und Gogols.

Es herrschte eine freundliche Atmosphäre, und das Verhältnis der Eltern zu den Kindern war ruhig und ausgeglichen. Die Abende verbrachte man im Salon, wo Dmitri Boleslawowitsch seine Zigarre rauchte. Während die Schwestern spielten und herumtollten, machte sich der junge Dmitri meist mit irgend etwas zu schaffen. Ungeduldig erwarteten alle den Frühling, dann durfte man lärmend und lachend aufs Land fahren. Photos aus dieser Zeit sind erhalten: die Kinder im Zimmer in der Podolskaja, die Kinder mit der Erzieherin, die Kinder auf einem Spaziergang mit der Mutter am Fluß...

Das Haus war gastfreundlich, und man freute sich, wenn jemand zu Besuch kam. Verwandte und Bekannte aus Sibirien trafen ein und blieben über längere Zeit. Im Speisezimmer wurden bis in die Nacht tiefschürfende und ausgiebige Gespräche geführt. Die Kinder behielten die Namen «Uljanow», «Tschernyschewski», »Herzen» in Erinnerung, und die Worte «Streik», »Gefängnis», «Bolschewik» erschreckten sie nicht.

Heute läßt sich nicht mehr mit Sicherheit sagen, was im Hause gelesen wurde, welche Bücher man am häufigsten aus den Regalen holte oder was man unter den Noten suchte und plötzlich im Kinderzimmer entdeckte. Später einmal ließ Schostakowitsch die knappe Bemerkung fallen: Gogol, Tschechow, Puschkin und Leskow. Diese Aufzählung ist sicherlich unvollständig, genügt aber, denn das Wichtigste ist damit gesagt.

«Mit neun Jahren begann ich mich mit Musik zu beschäftigen. Bis dahin hatte ich weder Lust noch Interesse, mich damit zu befassen.»

D. Schostakowitsch. *Lebensbeschreibung.* 1926. 16. Juni.

Im Hause der Schostakowitschs wie übrigens auch in anderen Häusern der Petersburger Intelligenz gehörte das Musizieren zum Familienalltag.

Dmitri Boleslawowitsch sang gern zur Gitarre und Sofja Wassiljewna spielte häufig Klavier.

In der Nachbarwohnung lebte ein Cellist. So entstand hin und wieder ein Ensemble, spielte man Quartett oder Trio. Mit Begeisterung wurden Werke von Haydn und Mozart, Tschaikowski und Borodin gespielt. Wenn musi-

ziert wurde, blieb der Sohn schweigend bei seiner Beschäftigung im Kinderzimmer oder saß, meist still, neben
seiner Mutter. Er sprang bei den ersten Tönen nicht auf
und zeigte auch keine äußerlich erkennbare Begeisterung
und Interessiertheit. Aber von da an fand er Gefallen an
den Liedern aus der Studentenzeit des Vaters, an dem
Konservatoriumsrepertoire der Mutter mit den obligatorischen Stücken von Chopin, Liszt und Tschaikowski,
und prägte sich das alles unwillkürlich ein. Einen Unterschied zwischen Klassik und «niederen» Genres gab es
für ihn, wie für alle übrigen Familienmitglieder, nicht.

Inzwischen wurden im Haus bereits Etüden und Ton-
leitern gespielt. Sofja Wassiljewna unterrichtete ihre Tochter Marija, und bald darauf begann sie auch trotz seines
Widerstandes den Sohn zu unterrichten. Eine gute Bil-
dung war ohne Musik nicht denkbar, obgleich man an
eine berufliche Musikausbildung der Kinder nicht dachte.
Der junge Dmitri, im Familienkreis Mitja genannt, sollte
im Wirtschaftsleben einen Beruf ergreifen – etwa als
Ingenieur, Buchhalter oder Finanzfachmann.

«Meine Mutter bestand darauf, daß ich Klavierspielen
lernen sollte. Ich aber versuchte mit allen Mitteln auszu-
weichen. Im Frühling 1915 war ich zum ersten Mal im
Theater. Aufgeführt wurde ‹Das Märchen vom Zaren
Saltan›. Die Oper gefiel mir gut, doch besiegte all das
nicht meine Abneigung, mich mit Musik zu befassen.
Die Mutter bestand aber darauf und begann, mir im
Sommer 1915 Klavierunterricht zu geben. Die Sache kam
sehr schnell voran. Es zeigte sich, daß ich ein absolutes
Gehör und ein gutes Gedächtnis besaß. Ich lernte schnell
Noten, merkte sie mir gut und spielte auswendig, ohne
vorher üben zu müssen – es prägte sich von allein ein. Ich
konnte gut Noten lesen.»
D. Schostakowitsch. *Autobiographie.* 1927.

Die Erfolge zeigten sich so rasch, daß man nach ein

paar Monaten den Jungen in ein Haus auf dem Wladimirski-Prospekt brachte, wo auch Marija hinging. Dort gab Ignati Albertowitsch Gljasser Klavierkurse. Der Unterricht des erfahrenen Pädagogen sah tägliche Übungen und Etüden zur Entwicklung aller Finger der Hand vor. Übungen, die in Gljassers in Rußland damals verbreitetem Handbuch *Triller als Grundlage der Klaviertechnik* veröffentlicht waren. In den Unterrichtsstunden wurde besonders auf Geschicklichkeit der Bewegungen, Biegsamkeit der Finger sowie auf klangliche Gleichmäßigkeit und Deutlichkeit Wert gelegt. Mathematisch trokkene und exakte, nicht die kleinste Abweichung von den Regeln duldende Übungen galten als Vorstufe der Ausbildung, der, kombiniert mit denselben Übungen, eine nächste Stufe folgte: das Einstudieren kleiner Musikstücke aus dem *Kinderalbum* von Tschaikowski sowie Sonatinen von Clementi, Mozart, Haydn.

Erstaunlicherweise bedrückte die Härte von Gljassers mechanischem System den Schüler nicht, engte ihn zumindest auch nicht ein. (Erst später gestand er, daß es bei Gljasser langweilig war.) Die an Beharrlichkeit und Selbständigkeit gewöhnten Geschwister kamen mit dem Handbuch gut zurecht und eigneten sich alle technischen Fertigkeiten gründlich an.

Nach einem Jahr spielte Schostakowitsch bereits Mozart und Haydn und zwei Jahre später überraschte er alle Anwesenden bei der öffentlichen Prüfung mit der Interpretation von Präludien und Fugen aus dem *Wohltemperierten Klavier* von Bach.

Zu Beginn des Studiums in Gljassers Kursen fühlte der junge Schostakowitsch sich erstmalig auch zum Komponieren hingezogen. Das ironische Verhalten seiner Eltern wie auch dasjenige Gljassers konnten ihn nicht schrecken. Einer seiner ersten Kompositionsversuche war das kleine Musikstück für Klavier *Der Soldat*.

«Die Ereignisse des Ersten Weltkrieges, der Februar- und der Oktoberrevolution, fanden in unserer Familie starken Widerhall. Es ist deshalb nicht verwunderlich, daß bereits in den frühesten Kompositionen, die in diesen Jahren entstanden, mein Bestreben zum Ausdruck kam, das Leben irgendwie widerzuspiegeln. Solche naiven Versuche, ‹das Leben widerzuspiegeln›, waren meine Klavierstücke – *Der Soldat, Freiheitshymne* und der *Trauermarsch für die Opfer der Revolution,* die ich im Alter von neun bis elf Jahren komponierte.»

D. Schostakowitsch. *Gedanken über den zurückgelegten Weg.* – In: *Sowjetskaja musyka,* 1956, Nr. 9.

Die Titel der Musikstücke zeigen, wie klar und ausgeprägt die Vorhaben und Interessen des jungen Komponisten waren, der sich vom gutmütigen Necken der Hausangehörigen nicht beeinflussen ließ. Schostakowitsch wurde anderthalb Jahre nach dem Blutsonntag von 1905 und elf Jahre vor der Oktoberrevolution geboren; Eindeutigkeit und Klarheit gab es in der Welt nicht. Der Erste Weltkrieg schreckte mit forschen Zeitungsüberschriften, mit Blut und mit verdreckten Fußlappen der Invaliden auf den Straßen.

Nicht alles, was vorging, begriff der Junge, aber den unruhigen Puls der Zeit erfaßte er genau. Und «das Bestreben, das Leben irgendwie widerzuspiegeln» wurde, bei aller Naivität der Ergebnisse, zum beharrlichen und ausgeprägten *Bemühen.* Mit kindlicher Neugier machte er sich ein Bild von der aus den Fugen geratenen Welt, und sein Gedächtnis speicherte nach und nach die Klänge und Farben der schicksalsschweren Tage mit unkindlicher Schärfe.

«Ich war Zeuge der Ereignisse der Großen Oktoberrevolution, war unter denen, die Wladimir Iljitsch auf dem Platz vor dem Finnländischen Bahnhof am Tage seiner Ankunft zuhörten. Obwohl ich damals sehr jung

war, hat sich das meinem Gedächtnis für immer einge-
prägt.»
D. Schostakowitsch. Aus dem Vortrag im sowjetischen
Rundfunk am 29. Oktober 1960.

Den von den Eltern vorgesehenen Ausbildungsplan
für den Sohn korrigierte gebieterisch das Leben. Ziemlich schnell stellte sich nämlich heraus, daß der Unterricht
in der Handelsschule von Marija Schidlowskaja für die
Beschäftigung mit einer weit wichtigeren Sache, mit der
Musik, keine Zeit übrigließ. Man schickte den Jungen
deshalb in eine allgemeinbildende Schule. (Als er Schüler des Konservatoriums wurde, mußte er noch einmal
die Schule wechseln. Er besuchte dann die 108. Schule,
die am nächsten lag.) Da sich herausstellte, daß er der
pädagogischen Methode Gljassers entwachsen war,
brachte Sofja Wassiljewna ihren Sohn im Frühling 1918
zu Alexandra Alexandrowna Rosanowa, Professorin am
Konservatorium, bei der sie selbst einmal studiert hatte.
In den nächsten anderthalb Jahren wurde ihm der Weg
von der Nikolajewskaja (jetzt Maratstraße) in die Fontanka, wo Frau Rosanowa lebte, zur Gewohnheit.

Die neue Klavierlehrerin unterrichtete sanft und ge-
duldig, ohne sich auf Übungen zu konzentrieren. In Er-
wartung des Unterrichts konnte man über das weiche
Leopardenfell ihres Gastzimmers schreiten, Bilder an
den Wänden und gewebte bukolische Szenen an den alten Sessellehnen betrachten oder einfach im warmen
Halbdunkel am Flügel sitzen, hinter dem schwere grüne
Vorhänge bis zum Boden hingen: Der Straßenlärm sollte
nicht stören. Der Junge nahm gern Unterricht bei Frau
Rosanowa, so wie er sich übrigens auch gern mit allge-
meinbildenden Fächern beschäftigte. Naturwissenschaft-
liches faßte er leicht und ohne Anstrengung auf, und ausnahmslos alle Lehrer schätzten seine Konzentrations-
fähigkeit, Sachlichkeit, seine reiche und ausdrucksvolle

Sprache sowie seinen Humor. In der Schule lernte der Junge die Kinder des Malers Kustodiew kennen. Gegenseitiges Interesse war sofort vorhanden: Bindeglied bildete die gemeinsame Lebhaftigkeit des Charakters, die Neigung zum Scherzen, die Fähigkeit ernst zu arbeiten sowie die Liebe zur Musik. Musik erklang oft in der Schule. Irina und Kirill Kustodiew waren einmal sogar seine Partner bei einer Schüleraufführung der Oper *Schneewittchen,* in der Schostakowitsch den Lel spielen sollte. (Aus irgendwelchen Gründen wollte er hier die Arie *Sprach die Wolke mit dem Donner* nicht singen, obgleich er Rimski-Korsakows Musik sehr gut kannte.)

«Einmal nach dem Unterricht lud ich diesen Jungen ein. Mitja Schostakowitsch, klein, zerzaust, reichte meinem Vater die Liste der von ihm einstudierten Werke und setzte sich zum Vorspielen hin. Sein Erfolg übertraf alle Erwartungen. Der Junge eroberte mit seinem Spiel sofort Vaters Zuneigung; dieser Tag wurde zum Beginn einer tiefen, innigen Freundschaft.»

I. Kustodiewa. *Teure Erinnerungen* 1967.

Die «tiefe, innige Freundschaft»mit der Familie Kustodiew, die mit Musik und Theater begonnen hatte, war davon buchstäblich durchdrungen. Schostakowitsch war oft bei den neuen Freunden zu Besuch und er, der sonst scheu und unbeholfen war, fühlte sich dort erstaunlich wohl. Es machte ihm Spaß, durch die Räume zu schlendern und Bilder sowie Dekorationsentwürfe zu betrachten, die zahlreich an den Wänden hingen. Gern hörte er dem Hausherrn zu, der im Gespräch gewandt vom Theater zur Malerei überging und umgekehrt. Er, der kleine Pianist, war ein dankbarer und aufmerksamer Zuhörer, und der bekannte russische Maler wußte das zu würdigen. Am Ende der Unterhaltung waren die Rollen oft vertauscht: nun war Boris Michailowitsch Kustodiew der aufmerksame Zuhörer. Schostakowitsch spielte ihm gern vor, ohne sich zu zieren und erst viel überreden zu lassen, und der musikalische Kustodiew lernte als einer der ersten die eigenständige Begabung seines jungen Freundes schätzen.

Der Bekanntenkreis der Familie Schostakowitsch erweiterte sich ständig. In diesen Jahren waren sie häufig im Hause des stadtbekannten Chirurgen Iwan Iwanowitsch Grekow zu Besuch, das Menschen unterschiedlichsten Alters und verschiedenartigster Interessen anzog. Unter Grekows Gästen konnte man Gorki und Glasunow, Alexej Tolstoi und Sostschenko, Sofronitzki und Fedin begegnen. Der Junge war damals etwas über zehn Jahre alt, und seine Eltern, die ebenfalls dort im Salon saßen, konnten nicht ahnen, welche Zukunft ihren Sohn erwartete. Sein Spiel aber prägte sich den dort Anwesenden ein und ließ die Erwachsenen dem musikalischen Vortrag des jungen Schostakowitsch gespannt lauschen. Eine lebendige Schilderung des Klavierspiels des jungen Schostakowitsch im Hause Grekows verdanken wir K. Fedin in dessen Buch *Gorki unter uns* vom Jahre 1967.

Der Stapel beschriebenen Notenpapiers auf dem Klavier wurde immer größer. Die Kompositionsversuche gingen weiter und Bekannte gaben den Rat, sich an Glasunow, den Direktor des Petrograder Konservatoriums zu wenden.

«Angesichts meiner beharrlichen Kompositionsversuche brachte man mich im Sommer 1919 zu A. K. Glasunow. Ich spielte meine Kompositionen vor und Glasunow sagte, ich solle mich mit Kompositionlehre befassen. Er empfahl mir, am Konservatorium zu studieren.»
D. Schostakowitsch. *Autobiographie.* 1927.

In dem noch verbliebenen Monat erhielt der Junge eilig Unterricht in elementarer Musiktheorie und Gehörbildung.

Der Unterricht am Konservatorium begann im Herbst.

# Das Konservatorium

Zur Aufnahmeprüfung studierte der dreizehnjährige Musiker einige selber komponierte Präludien für Klavier ein. Wie üblich fand die Prüfung in Glasunows Arbeitszimmer statt und verlief traditionsgemäß sehr feierlich. Alle Mitglieder der Prüfungskommission stellten ausnahmslos Schostakowitschs Begabung fest, trotz der von der Prüfungskommission richtig erkannten Beeinflussung durch Skrjabin, Ljadow und Prokofjew kam das Eigenständige erfolgreich zur Geltung. Er wurde als Schüler des 1. Studienjahres gleich für zwei Fächer aufgenommen – für Komposition und für Klavier.

Im Fach Kompositionslehre trat Schostakowitsch in die Klasse Maximilian Ossejewitsch Steinbergs ein, der einst Lieblingsschüler Rimski-Korsakows gewesen war.

Steinbergs Autorität im Konservatorium war groß. Man schätzte ihn als Menschen und Musiker. (Im April 1905 war Steinbergs Erklärung mit Hunderten anderer auf den Tisch der Direktion gelangt: «In Anbetracht dessen, daß Professor Rimski-Korsakow das Konservatorium verlassen hat, bitte ich, mich nicht mehr unter die Schüler des Konservatoriums zu zählen.») In Steinbergs Klasse wurden nacheinander sämtliche Theoriefächer durchgenommen: Harmonielehre, Instrumentation sowie Formen- und Kompositionslehre. Als erfahrener Pädagoge der alten Schule führte er seine Schüler durch die komplizierten Labyrinthe strikter Regeln, Vorschriften und Eingrenzungen. Gleichwohl war der Unterricht bei ihm interessant, so daß man Steinberg kein trockenes Gelehrtentum vorwerfen konnte. Schostakowitsch erkannte die Vorzüge einer gründlichen musiktheoretischen Ausbildung und blieb Steinberg sein Leben lang für den bei ihm genossenen Unterricht dankbar.

«Alles, was Steinberg mich lehrte, nahm ich eifrig auf

und wie ein Schwamm saugte ich alle seine Ratschläge und Hinweise auf. Steinberg entwickelte klug und feinfühlig in seinen Schülern einen guten Geschmack. Ich verdanke ihm vor allem, daß ich gute Musik schätzen und lieben lernte... M. O. Steinberg flößte mir Liebe zur russischen und ausländischen Klassik ein.»
D. Schostakowitsch. *Gedanken über den zurückgelegten Weg* – In: *Sowjetskaja Musyka*, 1956, Nr. 9.

Abgesehen von dem Unterricht in den obligatorischen Fächern wurde in Steinbergs Klasse häufig vierhändig gespielt. Die Fertigkeit, komplizierte Werke vom Blatt spielen zu können, bildete sich bei Schostakowitsch rasch heraus. Ständig wurden Werke verschiedener, überwiegend russischer Komponisten besprochen – insbesondere Kompositionen von Rimski-Korsakow. Harmonik und Formgestaltung, Instrumentation und vor allem klassische Beispiele der Tonkunst wurden analysiert und diskutiert. Trockenes Gelehrtentum störte Schostakowitsch nicht. Seine Kommilitonen wiesen darauf hin, wie geschickt er alle Schwierigkeiten der Musiktheorie meisterte, wie beharrlich und schnell er sein kompositorisches Können entwickelte.

«Schostakowitsch, Dmitri. Klasse für spezielle Harmonielehre von Prof. Steinberg. Choral – 1, Modulation – 1, mündliche Prüfung – 1, Gesamtdurchschnitt – 1. Glasunow, 1920.»
Aus den Prüfungsunterlagen von Glasunow.

Klavierunterricht nahm Schostakowitsch weiterhin bei Frau Rosanowa, an deren Methode er sich gewöhnt hatte. Im Zuge der Ausbildung bei dieser Lehrerin wurde seine Klaviertechnik vollkommener, seine Vortragsweise reifer und ausdrucksvoller und sein Repertoire wesentlich umfassender.

«Schostakowitsch, Dmitri. Klavierklasse von Professor Rosanowa. Eine herausragende musikalische und virtuose Begabung. Die Interpretation ist bereits recht selbständig und reif. Ausgezeichnete Klanggebung. 1+. A. G. (1920).» Aus den Prüfungsunterlagen Glasunows.

Frau Rosanowa, die der Individualität ihres Schülers stets feinfühlig und aufmerksam Rechnung trug, erkannte von sich aus, daß die Begabung dieses einen Schülers weit mehr forderte, als sie zu geben vermochte. Nach einem Jahr wechselte Schostakowitsch (nicht ohne längere Überlegungen und Zweifel) in die Klasse Leonid Wladimirowitsch Nikolajews über, den er später als einen «hervorragenden Pädagogen und erstklassigen Musiker» bezeichnete.

Nikolajew erschloß Schostakowitsch eine Welt, die er noch nicht kannte. Nicht nur als Pianist, sondern auch als Komponist empfand Nikolajew wie kein anderer den künstlerisch-schöpferischen Charakter einer Interpretation und bemühte sich, seine Schüler zum vollkommenen Erfassen der inneren Logik eines Musikwerkes zu erziehen. Ein oberflächliches Verhältnis zur Musik duldete er nicht. Mochte ein Stück noch so glänzend gespielt worden sein, er belohnte den Vortragenden lediglich mit einem knappen «sehr fein», – das war alles!

Zu jeder Unterrichtsstunde bei Nikolajew versammelten sich seine Schüler. Sorgfältig vorbereitet erwartete man den Unterricht, nachdem sich alle rechtzeitig die entsprechenden Noten besorgt hatten. Der Glückliche, der jeweils mit dem Vorspielen an der Reihe war, setzte sich an den Flügel, und während die Musik erklang, konnte man in der Klasse nur das leise Rascheln beim Umblättern der Seiten hören. Der Klaviervortrag wurde häufig gemeinschaftlich diskutiert und die wenigste Zeit über technische Unvollkommenheiten gesprochen. Nikolajew meinte zu Recht, daß das Bemühen, eine künstlerisch gerechtfertigte Idee pianistisch zu gestalten, im rechten Moment auch sämtliche Unebenheiten des Vortrags beseitigt. Der Eigeninitiative und dem schöpferischen Willen des Schülers wurde praktisch vollkommene Freiheit zur Erschließung «des Wesens eines Werkes» und der in ihm enthaltenen Idee des Komponisten gewährt.

Schostakowitsch, bei dem sich interpretatorische Begabung mit kompositorischer Begabung glücklich verband, entsprach wie nur wenige andere Studenten dem Schülerideal Nikolajews, denn er hörte und begriff die Logik in der Entfaltung eines Werkes «von innen» heraus. Als Pianist entwickelte er sich deshalb außerordentlich erfolgreich.

«Schostakowitsch, Dmitri, Klavierklasse von Prof. Nikolajew. Ein außerordentlich begabter Musiker mit einer Technik, die über sein Alter hinaus entwickelt ist. Die Wiedergabe ist durchdacht und stimmungsvoll. Im Forte mangelt es manchmal an Farbe. 1+. A. G. (1922).» Aus den Prüfungsunterlagen von Glasunow.

Das sehr «langweilige und trockene» Fach Kontrapunkt unterrichtete im Konservatorium der temperamentvolle Komponist Nikolai Alexandrowitsch Sokolow. Polyphone Weisheiten blieben polyphone Weisheiten, wurden aber dank dem Charakter des Pädagogen von den Studenten mühelos erfaßt. Sokolow war ebenso frei vom trockenen Gelehrtentum, wie Steinberg damit belastet war.

Vorlesungen über Musikgeschichte – lebendige Vorträge mit unerwarteten Exkursen in das Gebiet der Literatur, der Malerei und des Theaters – hielt Alexander Wjatscheslawowitsch Ossowski, ein ausgezeichneter Musikwissenschaftler und Kritiker, der damals Prorektor des Konservatoriums war. Schostakowitsch hat sich später dankbar an diese Vorlesungen erinnert.

Im Mittelpunkt der Tätigkeit des Konservatoriums stand die imposante Gestalt des «Patriarchen» – Alexander Konstantinowitsch Glasunow. Er kannte alle, verstand alles, half allen. Ständig war er bei den öffentlichen Prüfungen und Zwischenprüfungen zugegen und notierte rasch seine Meinung auf die Prüfungsbögen, die glücklicherweise im Archiv überliefert sind. Mit unerschütterlicher Pünktlichkeit erschien er sogar zu den Prüfungen der Schlagzeuger, die in der Regel niemanden interessierten. Für das Konservatorium tat Glasunow alles, was er nur konnte. Zu tun gab es sehr viel, und manchmal war das nicht leicht.

Glasunow hatte begriffen, daß die neuen Schüler eine neue Generation vertraten. Auch wenn er diese neue Generation nicht immer akzeptierte, freute er sich indes aufrichtig über jedes Zeichen echter Begabung, und über Schostakowitsch freute er sich besonders.

Der Fachunterricht im Konservatorium fand zweimal wöchentlich statt. Akademische Isolierung und eine bestimmte Begrenztheit des Kurses wurden außerhalb der Unterrichtsstunden kompensiert. Der Enthusiasmus war groß, und Stoff für Eindrücke und Streitgespräche gab es genug.

«Das Konservatorium meiner Jugend roch nach Kohlsuppe und atmete trotzdem Begeisterung! Niemals zuvor hatte Rußland solchen allgemeinen Hunger nach Erkenntnis des Schönen und solch Kontakt des Volkes mit der Kunst gekannt wie in jenen ersten Jahren der Revolution – Jahren beispiellos schwerer Kämpfe und beispiellos harter Entbehrungen.»
L. Arnschtam. *Musik des Heroismus.* 1977.

Welche Kräfte gab es in dieser Republik?

Seit dem Herbst 1918 herrschte in Petrograd Hunger. Die Brotzuteilungsrate war langsam zurückgegangen, bis sie nur noch ei ı Achtel Pfund pro Tag betrug. Während der Kälteperiode wurden die Wände der Holzhäuser zerlegt, um Brennholz zu gewinnen. Epidemien verbreiten sich in der Stadt. Und trotzdem lebte die Republik! Im Gebäude der ehemaligen Adelsversammlung wurde 1921 die Petrograder Philharmonie eröffnet. Konzertprogramme (Eintritt brauchte man meist nicht zu bezahlen) wurden unter der persönlichen Leitung des Volkskommissars für Volksbildung, Lunatscharski, zusammengestellt. Beethoven, Skrjabin und wieder Beethoven. Die neuen Zuhörer – Arbeiter, Soldaten und Jugendliche – warteten auf heroische Musik.

Schon im ersten Jahr wurden Beethovens sämtliche Sinfonien aufgeführt. Die *Dritte*. Die *Fünfte*. Die *Neunte*... Für alle Interessenten reichte der Saal nicht aus. Die Hörer drängten sich zwischen den weißen Marmorsäulen, drängten sich in den Rängen und saßen einfach auf dem Fußboden. Der große Kristallkronleuchter war beschlagen vom Atem Tausender Menschen. Nach reichlich einer Stunde erwärmte sich der Saal, zum Schluß des Konzerts wurden Matrosenjacken und Halbpelze ausgezogen – so konnte man leichter applaudieren.

In diesen Konzerten bemerkte Schostakowitsch häufig einen ungelenken hochgewachsenen jungen Mann, der mit Eifer sprach und begeistert mit den Händen fuchtelte. Das war Iwan Iwanowitsch Sollertinski, der später ein hervorragender Kritiker und Musikwissenschaftler wurde, damals aber noch an der Universität studierte. Kennen lernten sie sich erst später, befreundet blieben sie ihr ganzes Leben.

Welche Kräfte gab es in dieser Republik?

Der Blockadering der Entente verengte sich immer mehr. Die Engländer lieferten Pilsudski Waffen. Das kapitalistische Europa wartete mit heimlicher Schadenfreude auf die Agonie der Sowjets. Und trotzdem lebte die Republik!

Anfangs zaghaft, dann aber begeistert, kamen ausländische Musiker und Dirigenten: Oskar Fried, Otto Klemperer, Artur Schnabel und Egon Petri. Sie brachten eine völlig unbekannte Musik mit – Strawinsky, Mahler, Berg.

Ein allgemeiner Hunger nach Wissen machte sich geltend. Ungemein rasch entstanden Bibliotheken und Klubs, Zirkel und Theater. Zum Zeichen der Zeit wurden musikalische Theatermassenaufführungen, bei denen es keine Zuschauer gab, sondern nur eine einheitliche vieltausendköpfige Teilnehmermenge. «Zur Weltkommune» in Petrograd, «Pantomime der Großen Revolution» in Moskau, «Der 3. Juli» in Murmansk, «Apotheose der Arbeit» in Samara – das waren Massenaufführungen, künstlerische Großveranstaltungen. Ihre Farbe war rot, ihr Schritt fest.

Die große Zeit verlangte große Maßstäbe. Welche Kräfte gab es in dieser Republik?

«Meine Freunde und ich waren sehr interessiert am Studium der Musikliteratur. Regelmäßig kamen wir zusammen, spielten vier- und achthändig, zogen studierende Geiger, Cellisten und andere zur Aufführung verschiedener Musikstücke heran.»

D. Schostakowitsch. *Blätter der Erinnerung.* 1962.

Die Ausbildung wurde in Kompositionszirkeln weitergeführt. In einem der Zirkel schlossen sich die Studenten des Konservatoriums zusammen. Ernsthafte Gespräche endeten hier und da unerwartet mit Lachen: ein Hagel von Scherzen, Foppereien, Parodien. Sie waren doch noch so jung! Die Professoren des Konservatoriums beobachteten wahrscheinlich etwas irritiert, wie eine Menge junger Leute rasch den Korridor versperrte. In der Mitte – in ein geistreiches Streitgespräch verwickelt – Dmitri Schostakowitsch, Pawel Waldgart, Leo

Arnschtam und Pawel Feldt. Nachsichtig lächelte Walerian Bogdanow-Beresowski - später ein namhafter Musikforscher - über die Scherze. Gelassen und ruhig stand der Geiger «Karljusja» Eliasberg in der Menge - der künftige Dirigent der künftigen Leningrader Symphoniker, der bei jeder passenden Gelegenheit seine Nase in die Partitur steckte. Lachsalven, Lärm und Rufe. Ehrfurcht vor den Räumen des Konservatoriums empfanden diese jungen Menschen nicht ...

Ein anderer Kreis versammelte sich regelmäßig montags. Es gab Tee ohne Zucker, öfter nicht einmal Tee. Hier trafen sich etwas ältere Musiker - Wladimir Stscherbatschow, Nikolaj Strelnikow, Juri Tjulin und Wladimir Deschewow. Ab und zu kam auch Boris Assafjew. Man spielte eigene Kompositionen und wenig bekannte Werke von Strawinsky, Schönberg, Hindemith und Krenek.

Die Urteile waren sicher nicht immer richtig, die Wahrheit wurde nicht immer gleich erkannt, dafür aber schritt die Selbst- und Welterkenntnis zügig voran. Schostakowitschs Kompositionen gefielen, man prägte sie sich ein und sie fanden im Konservatorium rasch Verbreitung.

Am 27. September 1921 erschien Schostakowitschs Name zum ersten Mal in der Presse (in der Zeitung *Das Leben der Kunst*). Bald darauf stellte ihn die Presse in die erste Reihe der jungen Komponistengeneration. Er aber versuchte - und so blieb es Zeit seines Lebens -, den Gratulationen und dem Lob mit verlegener Schüchternheit auszuweichen.

Die Zeit war sehr knapp. Auch die Gesundheit ließ zu wünschen übrig. Der Unterricht an zwei Fakultäten des Konservatoriums und an der 108. Schule (Schostakowitsch hielt es für notwendig, dort eine Prüfung abzulegen) war nur mit eiserner Disziplin, mit Willen und Fleiß durchzuhalten, und gegen Ende des zweiten Studienjahres stand der junge Musiker an der Grenze einer schweren nervlichen und physischen Erschöpfung.

«Hochverehrter Anatoli Wassiljewitsch!

In Literatur- und Musikreisen spricht man viel davon, daß Sie für besonders begabte Kinder Rußlands Verpflegungssätze gewähren. Ich erlaube mir, Sie für einen zweifellos talentierten Jungen um Aufmerksamkeit und um Zuteilung eines Verpflegungssatzes zu ersuchen – für den Pianisten und Komponisten Dmitri Schostakowitsch, 14 Jahre alt. Dieser Junge zeigte bereits mit neun Jahren eine ungewöhnliche musikalische Begabung: Er verfügt über ein phänomenales musikalisches Gedächtnis, ein absolutes Gehör, besitzt enorme Kenntnisse in der Klavierliteratur, und er ist bereits mit Kompositionen vor das große Publikum getreten... Die gegenwärtige schwere Zeit, die fast ständige Unterernährung führen indes zu Gesundheitsschäden bei allen Kindern, erst recht aber bei so einem unermüdlich Arbeitenden und Empfindlichen wie Mitja. Vor Nahrungsmangel (denn er bekommt fast keine Milch, keine Eier, kein Fleisch, keinen Zucker und nur ganz selten Butter) ist der Junge ganz mager und blaß, seine Nervosität nimmt ständig zu, am schrecklichsten aber ist die akute Anämie. Der unangenehme Petersburger Herbst steht vor der Tür, er aber hat weder feste Schuhe noch Galoschen und warme Kleidung. Bei aller Bereitschaft und Liebe zu ihm sehen sich seine Eltern und Verwandten außerstande, ihm all das Notwendige zum Leben und zur Entwicklung seiner Begabung zu geben. Ich möchte auch sagen, daß Mitja Schostakowitsch außer seiner außergewöhnlichen musikalischen Begabung einen sanften und edelmütigen Charakter, eine schlichte reine Kinderseele hat. Er liest sehr gern und liebt alles Schöne, er ist auch sehr bescheiden. Sein begabter Kopf arbeitet unermüdlich und übermäßig... Er kann ohne grundlegende

Hilfe nicht aufblühen und braucht dringend Nahrung...»

Aus dem Brief von K. Lukaschewitsch an A. Lunatscharski vom 16. August 1921.

«Dmitri Schostakowitsch, dem Pianisten und Komponisten im Alter von 14 Jahren, ist die Verpflegungsrate für Hochschulangehörige zuzuteilen.» (Entscheidung von A. Lunatscharski.)

Am 24. Februar 1922 starb der Vater an Lungenentzündung. Die Familie Schostakowitsch war jetzt ohne Existenzmittel. Sofja Wassiljewna sah sich gezwungen, als Kassiererin zu arbeiten, und Marija – nach Privatschülern zu suchen.

Mit großer Mühe, recht und schlecht, wurde man mit dem Alltag fertig, einander unterstützend. Sofja Wassiljewna tat alles, damit der Sohn weiter Unterricht nehmen konnte. Trotzdem hielt seine Gesundheit den übermäßigen Belastungen nicht stand: Ein Jahr nach dem Tod des Vaters erkrankte der Junge an Tuberkulose. Die Ärzte, die die Operation durchführten, bestanden auf einer Heilbehandlung auf der Krim. Er war daher gezwungen, das alte Klavier zu verkaufen, mit Marija über den Sommer in den Süden zu fahren und nach der Rückkehr eine Arbeit zu suchen, um die entstandenen Schulden abzuzahlen. Er brauchte so schnell wie möglich eine Arbeit, deshalb ging er für zwei Jahre als Klavierbegleiter zum Kino. Später erinnerte sich der Komponist an diese Zeit als eine sehr fieberhafte Periode, die für das musikalische Schaffen freilich verloren war.

Die Arbeit bestand im folgenden: Abend für Abend saß der Pianist am Klavier und begleitete mit Blick auf die Leinwand «die laufenden Bilder» mit emotionell geeigneter Musik. Er benutzte dazu das im Konservatorium einstudierte Repertoire sowie eigene Improvisationen. Für weniger phantasiebegabte und weniger flinke Musikbegleiter im Kino hatte man übrigens ganz spezielle Notenhefte herausgegeben: Sie enthielten Musik der Leidenschaft, Musik des Wassers, des Sturms, der Angst usw.

Anfangs nahm der Konservatoriumsschüler die neue Beschäftigung sehr ernst. Er war so eifrig, daß er möglichst rasch auf den Gang der Ereignisse im Film zu reagieren suchte und entsprechend improvisierte. Doch sehr bald fing die Arbeit an, ihn zu erschöpfen und überreizte ihn: Die Geschwindigkeit der Ereignisse im Film ließ keine einzige Minute der Entspannung zu, und von einer Filmvorführung zur anderen nahm seine Kraft ab. Abweichungen von der Schablone riefen zudem bei den Zuschauern eher Verwunderung als Billigung hervor, und zur langweiligen Interpretation «der Wüste» oder «des Zerwürfnisses der Liebhaber» gemäß dem Notenheft hatte er keine Lust. Außerdem zahlte man wenig und unregelmäßig. Einmal mußte er sogar einen Prozeß anstrengen.

«Damals habe ich dem Kino den Rücken gekehrt und bin bis heute nicht wieder hingegangen. Ich hoffe, daß ich dorthin auch nicht zurückkehren muß.»

D. Schostakowitsch. *Autobiographie.* 1927.

Schostakowitsch irrte sich jedoch. Er kehrte sehr bald zum Film zurück. Diesmal in vollem Ernst und für lange Zeit.

## Das Debüt

Trotz Krankheit, Operation und Arbeit unterbrach er den Unterricht am Konservatorium nicht und bereitete sein Abschlußprogramm in der Klavierklasse vor. Es war schwer: *Präludium und Fuge Nr. 4 cis-Moll* aus dem I. Teil des *Wohltemperierten Klaviers* von Bach, *Sonate Nr. 21* von Beethoven, *Dritte Ballade* von Chopin, *Variationen in C-Dur* von Mozart, *Humoreske* von Schumann, *Venedig und Neapel* von Liszt sowie das *Klavierkonzert a-Moll* von Schumann.

«Schostakowitsch, Dmitri. Klavierklasse von Prof. Nikolajew. – Eine vielseitig begabte musikalische Natur. Trotz seiner Jugend ist er ein bereits voll ausgereifter Musiker. Die Interpretation ist von echtem Empfinden und künstlerischem Feingefühl durchdrungen. Zugelassen zur Abschlußprüfung. A. G.

Gesamt (Jahresdurchschnitt) 1+. Musikalische Reife 1+. Öffentliche Prüfung am 28. 6. Die Interpretation ist sehr vollendet und zeichnet sich durch Schlichtheit und Aufrichtigkeit aus. 1+. A. G. (1923).»

Aus den Prüfungsunterlagen von A. Glasunow.

Die Prüfungskommission bewertete das Spiel des Absolventen mit 1+. Für den jungen Musiker war es nicht nötig, sich nunmehr als Interpret einen Namen zu machen. In Musikerkreisen war der Pianist Schostakowitsch schon ebenso bekannt wie Nikolajews Schule insgesamt. Nikolajews beste Schüler, wie Wladimir Sofronitzki, Marija Judina und Alexander Kamenski, nahmen souverän die führenden Plätze auf den Konzertpodien ein.

Der erste öffentliche Auftritt des Pianisten nach seinem Examen, der im Kreis der Freunde der Kammermusik stattfand, war erfolgreich und bildete den Beginn der langjährigen Konzerttätigkeit Schostakowitschs.

«Einen ausgezeichneten Eindruck hinterließ das Konzert des jungen Komponisten und Pianisten D. Schostakowitsch. Er spielte Bach (*Präludium und Fuge d-Moll für Orgel* in der Bearbeitung von Liszt), Beethoven (*Appassionata*) sowie eigene Kompositionen und spielte sie mit jener Überzeugung und Plastizität der künstlerischen Intentionen, die ihn als einen tief empfindenden und seine Kunst verstehenden Musiker auszeichnen.»

*Leben der Kunst*, Nr. 47.

Der Unterricht bei Nikolajew ging aber weiter – zuerst im Hause des Lehrers, und einige Monate später begann er bei ihm eine zweijährige Ausbildung als Meisterschüler am Konservatorium. Die aktive Tätigkeit im Fach Komposition in Steinbergs Klasse sowie die Notwendigkeit, abends die Kinobegleitung schnell hinter sich zu bringen (erst Anfang 1926 wurde er diese los), zwangen ihn, seine Kräfte äußerst sparsam und genau einzuteilen, denn er wollte Klavier spielen und hatte ernsthafte Pläne.

«Lieber Leonid Wladimirowitsch!
Ich möchte Sie gern in den nächsten Tagen sehen. Wann könnten Sie mich empfangen zu einem Gespräch, das meinen Unterricht betrifft? Ich hätte Ihnen viel zu sagen, was meine Faulenzerei angeht. Ich versichere Ihnen, daß ich nicht faulenze, sondern daß es viel schlimmer steht. Das Kino hat mir einen bösen Streich gespielt. Komme ich nach Hause, klingt mir die Kinomusik in den Ohren, wohl wegen meiner gewissen Empfindlichkeit, schon vor meinen Augen erstehen die mir verhaßten Kinohelden. Deshalb habe ich Schwierigkeiten beim Einschlafen. Ich schlafe nie vor 4–5 Uhr ein. Deshalb stehe ich morgens sehr spät auf, mit Kopfschmerzen und übler Laune. So allerhand Zeug kreist mir im Kopf herum, wie etwa, daß ich mich für 134 Rubel an das Kino verkauft habe und nun ein Kinopianist sei. Und dann muß ich ins Konservatorium eilen. Dann komme ich nach Hause, esse zu Mittag und ab gehts in den ‹Splendid-Palace›.

Ich hoffe, daß es damit bald vorbei ist und ich mich regelmäßig mit dem Klavierspiel befassen kann. Ich habe jetzt mit dem 1. Konzert von Prokofjew begonnen. Billigen Sie diese Wahl? Ich möchte in den nächsten Tagen bei Ihnen vorbeikommen, damit Sie mir etwas aufgeben.»

Aus dem Brief von Schostakowitsch an L. Nikolajew vom L. November 1925.

Außerordentlicher Wille und Fleiß erlaubten Schostakowitsch, unter diesen schwierigen Umständen ein umfangreiches Repertoire vorzubereiten.

Bereits im Juli 1926 fuhr er zu einem Konzert nach Charkow mit einem Programm, um das ihn ein erfahrener Interpret beneiden konnte: das *Erste Klavierkonzert* von Tschaikowski, Kompositionen von Liszt - die Fantasie-Sonate *Nach der Lektüre Dantes, Trauermarsch,* die Etüden *Gnomenreigen* und *Waldesrauschen, Kanzone, Gondoliera, Tarantella* und eine ganze Reihe eigener Kompositionen.

«Lieber Leonid Wladimirowitsch,
vielen Dank für Ihr Kärtchen, das ganz unerwartet kam, da ich um Ihre außerordentliche Briefkargheit weiß. Abgesehen von dem Konzert von Tschaikowski trat ich in Charkow auch als Pianist auf. Am Donnerstag, dem 16., gab ich dort einen eigenen Klavierabend. Vorbereitet habe ich ihn in zwei Tagen. Ich spielte eigene Kompositionen und Liszt. Hatte großen Erfolg und Honorar.

Heute bin ich in Anapa angekommen, wo ich einen Monat lang zu bleiben gedenke. Ich bin jetzt sehr abgespannt von der Reise und den Konzerten in Charkow.»
Aus dem Brief von Schostakowitsch an L. Nikolajew vom 17. Juli 1926.

Auch die Arbeit im Fach Komposition ging voran. Im Jahre 1923 entstanden die ersten Skizzen zur *Ersten Sinfonie.* Dieses Werk nahm mehr und mehr Gestalt an. Schostakowitsch hat in den Konservatoriumsjahren viel geschafft und als Student ziemlich viel komponiert. Das erste Opus bildet ein *Scherzo für Orchester,* darauf folgten: *Thema mit Variationen für Orchester, Zwei Fabeln von Krylow für Singstimme und Orchester, Drei fanta-*

*stische Tänze für Klavier*, *Suite für zwei Klaviere* (zum Gedenken des Vaters), ein weiteres *Scherzo für Orchester*, ein *Klaviertrio* und *Drei kleine Stücke für Cello und Klavier* – dies alles abgesehen von den Skizzen, Versuchen und Übungsaufgaben. Gemeinsam mit seinen Freunden Georges Clemence und Pawel Feldt hatte er vor, einen Sammelband mit vierundzwanzig Präludien in allen Tonarten zusammenzustellen, und komponierte auch einige.

Besonderen Anklang fanden sowohl in Komponistenkreisen, im Konservatorium als auch im näheren Freundeskreis die *Krylow-Fabeln* («Libelle und Ameise» und «Esel und Nachtigall») sowie die *Drei fantastischen Tänze*. Die kurzen, äußerlich anspruchslosen Musikstücke, die von dem sechzehnjährigen Studenten im dritten Studienjahr stammten, zeigten eine solche Tiefe, Originalität und Prägnanz des schöpferischen Denkens, die nur ein außergewöhnliches Talent erreicht.

«Auf dem Rückweg durch die Kirotschnaja überredeten wir ihn und Marusja, zu den Wraskis mitzukommen. Dort spielte uns Mitja auf dem ausgezeichneten ‹Blüthner›-Flügel zweimal die *Fantastischen Tänze* und die *Krylow-Fabeln* vor.

An jenem Abend hörte ich endlich zum ersten Mal Liszt und Schumann in Mitjas Interpretation. Um so prägnanter war der Eindruck von seiner geschärften, eigenständigen Sprache der *Fantastischen Tänze* und der *Fabeln*.

Am Flügel saß ein schmächtiger Junge mit kindlichem Profil, seine Musik aber war gedanklich völlig ausgefeilt und aus ihr sprachen vollendete Form und Temperament eines reifen Meisters. An jenem Abend tauchten musikalisch erstmals auch bizarre groteske Bilder kurz auf. Ich wagte nicht, mit meiner farblos-lyrischen Stimme den Vokalpart der *Krylow-Fabeln* zu singen. In der Fabel ‹Esel und Nachtigall› klang bereits jener Sarkasmus an, der in Schostakowitschs späteren Werken so erschüttert. Die stumpfsinnigen Tiraden des Esels konnten bereits eine Skizze zu der unübertroffenen Groteske seiner Frühoper *Die Nase* bilden. Das Lakonische erfordert stets höchstes Können. Wir lauschten dem Klavier, hörten aber Orchesterklänge.»

E. Trusowa. *Blätter der Erinnerung.* 1977.

1926 wurden die *Drei fantastischen Tänze* für Klavier veröffentlicht und damit zum ersten Werk Schostakowitschs, das im Druck erschien. Auf die Titelseite schrieb er: «D. Schostakowitsch, Op. 1», im Bewußtsein, daß von all seinen frühen musikalischen Versuchen dies vorläufig der einzige war, der eine Veröffentlichung verdiente. Die Musikkritik würdigte die *Fantastischen Tänze* als eines der interessantesten Werke der jungen Komponistengeneration und prophezeite ihnen einen festen Platz im Repertoire der Pianisten.

«Die genannten Musikstücke sind Miniaturen mit einem recht transparenten Klaviersatz und rhythmisch prägnantem Charakter. In ihrer melodisch-harmonischen Struktur sind sie der derzeitigen Richtung, die von Prokofjew und Metner herkommt, verwandt, doch ist Schostakowitsch im Unterschied zum Moskauer Zweig dieser Richtung viel verhaltener und vorsichtiger bei der Wahl seiner Mittel: Er geht Einfachheit und Wohlklang nicht aus dem Wege. Ich möchte die hervorragende pianistische ‹Verpackung› der Musik Schostakowitschs hervorheben: Diese Qualität ist gerade jetzt besonders wertvoll, da die meisten Klavierkompositionen irgendwelche ‹Formen in der Luft› darstellen.»

*Musik und Revolution,*1927, Nr. 1.

Schostakowitschs Kompositionen aus der Konservatoriumszeit brachten mit aller Deutlichkeit die charakteristischen Merkmale seiner Begabung zum Ausdruck:

Lebhafte und geistreiche Tonsprache, Vorliebe für das Aufeinanderprallen gegensätzlicher musikalischer Bilder – «gehobener» und «niederer» – und die Neigung zu bedächtigem konzentriertem Nachdenken.

Der Tod Lenins traf Schostakowitsch ebenso wie das ganze Land und dies regte den jungen Komponisten an, im Gedanken an Lenin eine große Sinfonie zu komponieren. Dieses Vorhaben hat er erst reichlich dreißig Jahre später verwirklichen können, das Tragische und Schmerzhafte klingt aber bereits in der *Ersten Sinfonie* an.

Seit dem Herbst 1924, bei seinen häufigen Besuchen in Moskau, kam Schostakowitsch mit einem Kreis junger Musiker zusammen. Sie trafen sich gewöhnlich im Hause Oborins. Besonders aktive Mitglieder dieses Kreises waren Michail Starokadomski, Lew Oborin und Wissarion Schebalin. Regelmäßig kam auch Boleslaw Jaworski. Schostakowitsch konnte somit seinen Bekanntenkreis immer mehr erweitern.

«Mitja habe ich im Sommer nicht gesehen, weil ich kurz davor fortgefahren war, und jetzt habe ich mich sehr gefreut, ihn zu sehen. Mitja hat die wertvolle Eigenschaft, daß nach jeder Begegnung ein besserer Eindruck zurückbleibt als nach der vorangegangenen. Das beweist, daß er als Mensch wirklich begabt ist, und Sie können sich glücklich schätzen, daß Sie einen solchen Freund haben.»

Aus dem Brief B. Jarworskis an W. Bogdanow-Beresowski vom 22. Oktober 1925.

Juri Schaporin lernte er im Herbst 1924 in Leningrad kennen. Kurz zuvor noch Schüler von Steinberg und Sokolow, sah Schaporin mit besonderem Interesse dem Treffen mit dem jungen Komponisten entgegen, über den er schon von vielen gehört hatte – vor allem von Glasunow. Und er hatte sich nicht getäuscht. «Wir haben bis in die späte Nacht, oder, wenn man will, bis in den frühen Morgen hinein gesessen und uns über verschiedene Themen unterhalten. Selbstverständlich kam dabei die Musik nicht zu kurz.» Ihr Geschmack stimmte in vieler Hinsicht überein, und das verband die beiden Schüler Steinbergs eng miteinander. Das Leben führte sie für längere Zeit auch als Kollegen des Moskauer Konservatoriums zusammen. Der Ältere verhielt sich dem Jüngeren gegenüber stets aufmerksam und fürsorglich; er beschützte und unterstützte ihn. In den dreißiger Jahren zeichnete der Graphiker Nikolai Radlow eine liebevoll-freundlich gemeinte Karikatur: Der mächtige Körper Schaporins überdeckt gleichsam die rührend kleine Gestalt Schostakowitschs.

«Die freundliche Atmosphäre, die in der Familie Schostakowitsch herrschte, zog einen breiten Kreis von Menschen in das gastfreundliche Haus. Stets konnte man dort Freunden aller drei Vertreter der jungen Generation begegnen. Dieser Gästekreis erweiterte sich rasch durch Kollegen des nun bekannt gewordenen Komponisten und durch Menschen, die sich zu dem Haus, als einem Mittelpunkt der Geistesschaffenden der Stadt, hingezogen fühlten.»
W. Bogdanow-Beresowski. *Knaben- und Jugendzeit.* 1966.

Am 20. März 1925 fand in Moskau im Kleinen Saal des Konservatoriums eine Abendveranstaltung mit Werken von Dmitri Schostakowitsch und Wissarion Schebalin statt. Sowohl für den Komponisten aus Moskau als auch für den aus Leningrad war dies das erste öffentliche Kammerkonzert. Eines der Werke Schebalin wurde vom späteren Beethoven-Quartett gespielt. Schostakowitsch präsentierte den Moskauern ein *Trio,* die *Drei fantastischen Tänze,* die *Suite für zwei Klaviere* und die *Drei Musikstücke für Cello und Klavier.* Mehr aus Höflichkeit wurde ein wenig applaudiert, ein Erfolg war es jedoch nicht. Schebalin gefiel offensichtlich besser. Der Mißerfolg spornte Schostakowitsch an, und zum Sommer 1925 war die *Erste Sinfonie* abgeschlossen.

«Schostakowitsch, Dmitri. Klasse für Kompositionslehre von Prof. Steinberg. Eine ausgeprägte, hervorragende schöpferische Begabung. Viel Phantasie und Einfallsreichtum in der Musik. Befindet sich im Stadium des Suchens. A. Glasunow

Wird in die Klasse für freie Komposition versetzt. AG. (1925)»

Aus den Prüfungsunterlagen von Glasunow.

In Steinberg rief die *Erste Sinfonie* des Schülers vorsichtige und widersprüchliche Empfindungen hervor, wenn er auch nichts Besonderes einzuwenden hatte. Die Sinfonie verwirrte ihn durch etwas, das er, der sonst ein so feines Gehör hatte, nicht definieren konnte.

«8. III. Geschlossene Veranstaltung der Assoziation – Schostakowitschs Sinfonie, in der mir der langsame Satz mit seiner gezwungenen Lyrik entschieden mißfällt...» Aus dem Tagebuch von M. Steinberg. 1926, 8. März.

Die Ratschläge des Professors beschränkten sich auf Bemerkungen hinsichtlich einiger Härten in der Harmonik und auf Details der Instrumentation. Auch Glasunow riet dem Komponisten, die harte und ungewöhnliche Tonsprache hier und da abzuschwächen.

Die *Erste Sinfonie* wurde Schostakowitschs Abschlußarbeit. Am 20. April 1926 wählte ihn der Fakultätsrat einstimmig zum Aspiranten der Abteilung Komposition.

Inzwischen herrschte im Konservatorium große Aufregung: Erstmals seit vielen Jahren wurde das Werk eines Schülers (direkt von der Schulbank!) zur Aufführung vorbereitet. Seine Freunde – in Leningrad wie in Moskau – waren fast aufgeregter als der Komponist selbst.

Die Erstaufführung wurde auf den 12. Mai 1926 festgesetzt. Dirigieren sollte Nikolai Malko, der damalige Chefdirigent der Leningrader Philharmonie. Das Programm bestand durchweg aus neuen Werken sowjetischer Komponisten, und Schostakowitschs Werk war darin als Nr. 1 verzeichnet. Bei der Aufführung war das Konservatorium vollständig vertreten. Glasunow saß auf seinem üblichen Platz in der sechsten Parkettreihe, lächelte und applaudierte.

«Nikolai Malko dirigierte. Eine kaum wahrnehmbare Bewegung des Taktstockes – und eine gedämpfte Posaune intonierte etwas in der absoluten Stille. Schläfrig gab ein Fagott Antwort. Eine Klarinette begann zu sprechen und es entfaltete sich eine leise, aber zügige Diskussion der Instrumente, wobei jedes von vorn beginnen wollte. Mit jeder neuen Episode erwies sich Schostakowitsch als ein Musiker von bislang ungewöhnlicher Denkart, Charakter, Persönlichkeit, Stil und Ausdrucksweise.

Außergewöhnlich war der Beifall ... viele hatten begriffen, daß sie einem außerordentlichen Ereignis beigewohnt hatten ...»

I. Andronikow. *Das Bild seiner Musik.* 1976.

Nach dem Konzert strömte eine große und laute Schar junger Leute aus dem Saal der Philharmonie auf den Newski-Prospekt; ohne verabredet zu sein, ohne sich über den Weg Gedanken zu machen, bogen sie nach links in Richtung Maratstraße ab. Der Mai war kalt, und ein durchdringender Wind umwehte die bronzenen Pferdeleiber an der Anitschkow-Brücke.

Im Hause Schostakowitschs wurden den Gefeierten Maximilian Ossejewitsch Steinberg, Nikolai Andrejewitsch Malko und Mitja die Ehrenplätze am Tisch zugewiesen. Die Bescheidenheit des Abendbrotes verblaßte in der festlichen Heiterkeit, in den Reden aufgeregter, einander unterbrechender Gäste. Sofja Wassiljewna war ruhig und glücklich, als sie die vor Freude glänzenden Augen ihres Sohnes sah. In Leningrad begannen die weißen Nächte, und der bedeutsame, so ereignisreiche Tag schien nicht enden zu wollen.

Erst weit nach Mitternacht ging man auseinander. Steinberg und Malko hatten denselben Weg und führten bis zur Sadowaja ihr Gespräch fort. Nach Hause gekommen, setzte sich Maximilian Ossejewitsch an den Schreibtisch und schlug aus langjähriger Gewohnheit das Tagebuch auf . . .

«12. 5. Morgens Konzertprobe... Abends das denkwürdige Konzert. Stürmischer Erfolg der Sinfonie Mitjas; das Scherzo mußte wiederholt werden.»

Aus dem Tagebuch von M. Steinberg. 1926, in der Nacht vom 12. zum 13. Mai.

Bald wurde die Sinfonie auch in Moskau aufgeführt. Und im November 1927 erklang das Abschlußwerk des Konservatoriumsschülers zum ersten Mal unter der Leitung von Bruno Walter in Berlin.

... Nun denn! Jetzt konnte man Rückschau halten.

Schostakowitschs Charakter hatte sich völlig entwickelt. Alle, die ihn in seiner Jugend kannten, betonten das besonders Auffallende - verschlossen, schweigsam, bescheiden, ungeschickt, fast krankhaft schüchtern, zurückhaltender Blick hinter den Brillengläsern, schaut eher düster drein, lacht aber auch gern, ist lebhaft, scharfsinnig und kontaktfreudig. Auch andere Eigenschaften waren für alle sichtbar: Er zeigte sich beharrlich, arbeitsam, konzentriert, rasch und hartnäckig beim Aneignen des Neuen. Was aber besonders charakteristisch war: Niemand sah bei ihm, dem Konservatoriumsschüler, einen offenen Protest gegen die Normen und Regeln, eine offensichtliche Ablehnung jener Umwelt, in der er aufgewachsen war.

Was hat dann Steinberg in der Sinfonie seines Schülers stutzig gemacht? Der Professor fand in ihr solides Können und Zurückhaltung, fand gut verarbeitete Schulregeln und Begriffe, fand eine durchdachte und klare kompositorische Anlage. Alle vier Sätze des Werkes nahmen streng ihren Platz ein - gemäß der altüberlieferten Reihenfolge, auf die im Konservatorium geachtet wurde. Der erste Satz «sprudelte», wie es sich gehörte, voll farbiger und verschiedenartiger Bilder, der zweite eilte in der zügigen und energischen Bewegung eines Scherzos dahin. Der dritte Satz war, dem klassischen Vorbild entsprechend, lyrisch und versonnen, und das Finale führte zur standhaften und hoffnungsfrohen Ausgangshaltung des Werkes zurück.

Noch waren in dieser Musik Einflüsse von Skrjabin und Wagner, Glasunow und Tschaikowski spürbar, und Steinbergs Schüler, wie auch alle Konservatoriumsschüler, konnten sich dem Einfluß der neuen «modernistischen» Musik von Strawinsky und Prokofjew, Hindemith und Berg nicht entziehen. Das leuchtete Steinberg ein und war ihm nicht ungewohnt, wie auch eine gewisse nicht organische Gestaltung des Materials, die nicht immer makellose Instrumentation, eine gewisse gekünstelte Anlage sowie «Gemeinplätze» durchaus begreiflich waren. Kompositionen dieser Art entstanden im Konservatorium zu Dutzenden, und Schostakowitschs Sinfonie schien ebenfalls das Werk eines Schülers zu sein, der gerade die Schulbank verlassen hatte.

Und doch ging Steinbergs Schüler darüber hinaus.

In der Tat, der erste Satz «sprudelte» von Bildern, es waren indes neue Bilder, die Steinberg noch ungewohnt waren. Tatsächlich, das Scherzo eilte dahin, aber es eilte im schnellen Galopp-Rhythmus, der «niederen» Musik des Alltags, und die akademische Denkweise des Professors protestierte heftig dagegen. Wahrhaftig, der dritte

Satz lebte von der Lyrik, die freilich irgendwie unzusammenhängend und eckig erschien, da die Zeit für Lyrik in der neuen Gesellschaft noch nicht gekommen war. Das Finale dagegen schien gut gelungen zu sein... Doch gerade dieser Satz war am schwächsten. Die Zeit für ein Finale war noch nicht gekommen, denn in dieser neuen Welt war noch nicht alles verständlich.

Die Sinfonie war *lebendige musikalische Gegenwart,* da sie mitten in jenem künstlerischen Umbruch entstand, der die ganze russische Kunst erfaßt hatte. Es änderten sich Vorstellungen und Meinungen, es änderten sich Bilder und Mittel, es änderten sich künstlerische Prinzipien und Methoden, und Schostakowitschs Sinfonie stand nicht mehr auf der alten, sondern auf der neuen Seite. Deshalb wurde sie von Schostakowitschs Freunden und Mitschülern begeistert aufgenommen, deshalb lächelte und applaudierte der Konservatoriumsdirektor Glasunow so herzlich – er applaudierte dem hervorragenden und begabten Musiker der neuen Generation.

«Ich habe das Gefühl, daß ich eine neue Seite in der Geschichte der sinfonischen Musik, eines neuen großen Komponisten, aufgeschlagen habe.»
Aus dem Brief von N. Malko an L. Isarowa vom 12. Mai 1926.

# KREUZWEGE

## Von der Sonate zur Zweiten Sinfonie

Am 12. September 1926 bot das Staatliche Meierhold-Theater eine neue Aufführung – *Der Revisor* nach Gogol. Am gleichen Tag trug Schostakowitsch in Leningrad zum ersten Mal seine *Sonate für Klavier* vor. Die Atmosphäre um die beiden Erstaufführungen war wie üblich spannungsgeladen. An der Kunstfront der zwanziger Jahre, wo jede Armee die erste sein wollte und auf ihrem Eigenen bestand, standen Einstimmigkeit und Gleichmut erst einmal im Hintergrund, und als hauptsächliches Interpunktionszeichen diente das Ausrufezeichen.

Die Zeit tönte in einem komplizierten polyphonen Chor, in dem die einzelne Stimme zuweilen ziemlich heftig erklang. Die von dieser Zeit geschaffene Kunst war nicht homogen und eindeutig, erreichte nicht immer einen hohen ästhetischen Wert, zeichnete sich dafür aber durch aufrichtiges und leidenschaftliches Bekenntnis aus. In einigen extremen Fällen geriet diese Kunst an die Grenze des Paradoxen. Doch jene Wachstumskrankheit wurde von der Geschichte selbst geheilt, und die sowjetische Kunst fand ihren eigenen Weg, wenn auch hier und da um den Preis von «Eintagsfliegen» und riskanten Experimenten.

«Sich in den Bestrebungen der künstlerisch tätigen jungen Leute jener Jahre zurechtzufinden, war nicht einfach. Die Empfindung des Neuartigen, das im Leben vor sich ging, schien dieser Jugend mit den alten Formen der Kunst unvereinbar. Es war eine Periode stürmischen Suchens, erstaunlicher Redlichkeit und verblüffenden Durcheinanders. Nicht selten ging es nicht um Ideen, sondern erst einmal um Empfindungen, die ziemlich verschwommen waren.»

G. Kosinzew. *Die tiefe Leinwand.* 1971.

Nur hinsichtlich des Themas stimmten die Meinungen überein. Die vollzogene Revolution verlangte eine unverzügliche künstlerische Verwirklichung und die entstehende Sowjetkunst suchte nach neuen, dieser Revolution «würdigen» künstlerischen Bildern und Gestaltungsmitteln. Die Dimension und der Charakter der erfolgten sozialen Veränderungen warteten auf eine Widerspiegelung in den neuen Dimensionen und im Charakter der Sowjetkunst. Das Kollektiv wurde dem Individuellen gegenübergestellt, das Wesentliche – dem Ästhetisierenden und Auserlesenen. Unter dieser Parole galt es, das Alte entschlossen auszumerzen und zu vernichten. Freilich nur die kategorischen Einwände Lenins und Lunatscharskis hinderten die eifrigen Verfechter des künstlerischen Fortschritts daran, alles bis in die Grundfesten zu zerstören und «Puschkin vom Sockel der Gegenwart herabzustürzen».

«Wir stoßen auf Extreme, vor denen all diejenigen, die den Weg der staatlichen Kulturarbeit beschreiten wollen, zu warnen sind. Es gibt Menschen, die meinen, daß jede Verbreitung der ‹alten› Wissenschaft und der ‹alten› Kunst eine Nachsicht gegenüber bürgerlichem Geschmack sei und den jungen sozialistischen Organismus mit dem Blut des zusammengebrochenen Alten anstecke. Extreme Vertreter dieses Irrtums gibt es relativ wenig, der Schaden dürfte aber erheblich sein. Es ist genauso unsinnig, Wissenschaften und Kunst der Vergangenheit unter dem Vorwand ihrer Bürgerlichkeit abzutun, wie unter demselben Vorwand die Maschinen in den Fabriken oder die Eisenbahnen abzulehnen.»
A. Lunatscharski. *Noch einmal über Proletkult und sowjetische Kulturarbeit.* 1919.

Somit stimmten die Meinungen nur hinsichtlich des Themas überein. Dann aber begann die geistige Auseinandersetzung, und die Gegner schieden sich kraß bei der Wahl des einzuschlagenden Weges, wobei sie heftig gegeneinander polemisierende Gruppen bildeten. Zu Barrikaden dieser Gruppen wurden auch künstlerische Organisationen sowie theoretische Kunstzeitschriften und die Presse.

Die Vertreter der einen Seite erblickten die Kunst in der schlichten und strengen Harmonie von Glas, Elektrizität und Metall. Das Bauernland Rußland träumte von einer Zukunft der Industrialisierung. Die Musik der Maschinen fesselte die Gedanken und Herzen der Künstler jener Richtung, die später als «Konstruktivismus der zwanziger Jahre» bezeichnet wurde.

Eine neue Bildlichkeit und neue Ausdrucksqualitäten – das Graphische und Harte der Linien, ein klarer und prägnanter Rhythmus, unaufhaltsame exakte Bewegung sowie das betont Alyrische – waren in erster Linie im Theater mit seiner materiell sichtbaren Anschaulichkeit

und in der Musik erkennbar, wo uns heute die zahlrei-
chen Experimente nur wegen ihres naiv-illustrativen
Charakters interessieren. Nachklänge «metallischer» Poe-
tik sind in den Inszenierungen der Regisseure Wsewolod
Meierhold und Sergej Radlow, den Choreographien Igor
Moissejews und Leonid Jakobsons, den Bildern Tatjana
Brunis und Georgi Jakulows, und den Kompositionen
Wladimir Deschewows und Alexander Mossolows zu
hören. Metall klirrte sogar in den Titeln der Komposi-
tionen - *Sinfonie der Sirenen* (Awraamow), *Sprung des
Stahls* (Prokofjew), *Das Eisenzwerk* (Mossolow) und *Eis
und Stahl* (Deschowow).

Die Vertreter der anderen Seite stellten sich die neue
Kunst im Aufblühen hymnischer und agitatorischer Dichtung, monumentaler Mosaiken und Fresken sowie in der
Entwicklung der Laienkunst und der Agitbrigaden vor,
damit sich jeder beim kulturellen Aufbau bewähren könne.
Ihre Bestrebungen fanden Ausdruck in Massenaufführungen, in denen Theater, Tanz, Dichtung, Pantomime und Rezitation mit Musikbegleitung zu einem Ganzen verschmelzen. Die Musiker dieser Richtung bestanden auf plakatartig-anschaulichen und einfachen Melodien, auf Marschrhythmen und Chorgesang, und ihr
Sprachrohr bildete die Zeitschrift *Der proletarische Musiker*. Dort mahnten sie: «Der Weg vom Massenlied her
ist für einen proletarischen Komponisten der einzig rich-
tige Weg.» Über den Rahmen des Liedes oder Marsches
ging man nur selten und dann sehr behutsam hinaus und
erklärte die «große» Instrumentalmusik während dieser
Etappe als «nicht aktuell».

1924 wurde die «Assoziation für zeitgenössische Musik» gegründet (ASM), die Musiker der erstgenannten
Richtung zusammenschloß und die Verbreitung neuer sowjetischer und ausländischer Musik zu ihrer Hauptaufgabe erhob. Besonders aktiv war die ASM in Lenin-

grad - dem Zentrum des sowjetischen Kunstlebens der zwanziger Jahre. In Theatern und Konzertsälen spielte man Strawinsky und Prokofjew, Hindemith und Krenek, Mossolow und Berg. Viele westeuropäische Komponisten kamen auf Einladung der ASM erstmalig in die Sowjetrepublik. Die Zeitschrift *Zeitgenössische Musik* - führendes Organ der ASM - veröffentlichte regelmäßig vor den Erstaufführungen Artikel über die dem breiten Publikum unbekannten Komponisten sowie ausführliche Erläuterungen zu den aufzuführenden Kompositionen. Die Leningrader Musikwissenschaftler Assafjew und Sollertinski, Beljajew und Kuschnarow leisteten dabei eine umfassende musikalische Bildungs- und Erziehungsarbeit.

Nicht minder aktiv war auch die «Russische Assoziation proletarischer Musiker» (RAPM), die die Vertreter der anderen Richtung vereinte. In den Zirkeln der «Freunde der RAPM» wurde die Millionen umfassende Armee der Laienkünstler und Teilnehmer an Agitbrigaden an die Musik herangeführt. Dem Schaffen der Komponisten und Mitglieder der RAPM (Dawidenko, Kowal, Bely und anderer) verdanken das sowjetische Massenlied und die sowjetische Chorkunst ihre Blüte.

Heutzutage, belehrt durch vergangene Jahrzehnte, ist uns vieles aus dieser Zeit verständlich. Die von theoretischen Diskussionen erhitzten Musiker der zwanziger Jahre haben indes kaum begriffen, daß sie bei aller Unterschiedlichkeit der Methoden in der Erhabenheit des gestellten Zieles einander sehr verwandt waren. Die RAPM wie auch die ASM suchten - jede auf ihre Weise zu Recht - nach dem Wesentlichen, nach Wegen zur Schaffung einer *neuen* künstlerischen Sprache, die eine *neue* Bildhaftigkeit auszudrücken und ein *neues* gesellschaftliches Ideal zu besingen ermöglicht. Bei dieser Suche durfte man weder die großen Erfahrungen, die von den fortschrittlichen westlichen Künstlern gesammelt worden waren, noch die reichen Ausdrucksmöglichkeiten der Volksmusik ignorieren.

Natürlich ist uns auf Grund der Erkenntnisse aus den vergangenen Jahrzehnten vieles verständlich. Damals aber brachte die polemische Kompromißlosigkeit «die Gegner wider Willen» ziemlich weit auseinander:

«Wer nicht mit uns ist - ist gegen uns!»

Nicht einmal die Erste Allrussische Musikkonferenz von 1929 konnte helfen, die Bemühungen der führenden Richtungen zu vereinen. Im langwierigen Streit erwies sich die Stimme der RAPM als mächtiger; dieser Organisation ordnete sich schließlich die ASM unter. Die RAPM wurde zur Hauptkraft auf dem Gebiet des Musiklebens und war bestrebt, Verlage, Konservatorien, Konzertorganisationen und die öffentliche Meinung in ihrem Sinne zu beeinflussen. Ein ähnlicher, aber noch härterer Prozeß vollzog sich auf dem Gebiet der Literatur, wo die allmächtige RAPP herrschte. Angesichts des Schicksals Majakowskis schrieb Viktor Schklowski voll Erbitterung: «Majakowski ging zur RAPP, um seinem Arbeiterpublikum näher zu sein. Er geriet aber in eine tote Bucht, die von allen Seiten von Verboten und Zitaten umstellt war.» Die RAPM, die sich in das enge Korsett hymnischer Intonationen und Rhythmen von Massenliedern gezwängt hatte, war dazu verurteilt, nach und nach in Schablone, Werkelei und Dogma zu erstarren.

Die Studenten und Absolventen des Konservatoriums erlebten eine Periode der Umwertung der Werte. Für viele war diese Periode um so schmerzhafter und dramatischer, weil man in den Konservatorien selbst begonnen hatte, das gesamte Unterrichtssystem umzugestalten. Das, was von jeher als feststehend und wahr gegolten hatte, wurde jetzt bezweifelt und überprüft.

Für Schostakowitsch brachte der Sommer 1929 viel Unruhe und Zwiespalt, und er fühlte sich bedrückt von dem in ihm entstandenen Gefühl der Begrenztheit jenes Systems, das ihn erzogen hatte. Der Rahmen des von ihm beschrittenen Weges schien plötzlich so eng zu sein wie der Rahmen des Alphabets. Seine Kompositionen befriedigten ihn überhaupt nicht mehr, und selbst der Erfolg, den ihm seine Sinfonie gebracht hatte, schien ihm jetzt zweifelhaft.

«Nach dem Abschluß des Konservatoriums wurde ich plötzlich für kurze Zeit vom Zweifel an meiner Berufung als Komponist erfaßt. Ich konnte überhaupt nicht mehr komponieren und vernichtete in einem Anfall von ‹Enttäuschung› beinahe alle meine Manuskripte. Heute bereue ich das sehr.»
D. Schostakowitsch. *Gedanken über den zurückgelegten Weg.* – In: *Sowjetskaja musyka,* 1956, Nr. 9.

Später erinnerte er sich daran, daß er mit jugendlicher Leidenschaft Kompositionen von Strawinsky und Prokofjew, Hindemith und Krenek zu studieren begann, über die man im Konservatorium lediglich mit den Schultern zuckte. Sein Bestreben, sich um jeden Preis von vorgegebenen Regeln zu befreien und sich richtig einschätzen zu können, ließ ihn seine Kenntnisse und seine Hörgewohnheiten intensiv und rasch vervollständigen. Ergebnis dieses Prozesses war die im Herbst komponierte Sonate für Klavier, die sogenannte *Oktobersonate.*

Die Kritiker äußerten darüber ganz verschiedene Meinungen. Die einen glaubten, aus der Sonate einen Bruch, einen Protest gegen das Vergangene herauszuhören. Die anderen sahen darin lediglich eine trockene, umfangreiche und ermüdende «Schule der Geläufigkeit». Die dritten – Eklektizismus und formales Experimentieren. Steinberg schwieg betrübt.

Gewiß enthält die Sonate von all dem etwas. Schostakowitsch protestierte und ermüdete zugleich durch die

Eintönigkeit der Bewegung. Er stand noch stark unter bestimmten musikalischen Einflüssen, kam ihm doch zweifellos das Recht zu, zu experimentieren. Nachdem er die Periode der «Enttäuschung» überwunden hatte, spielte er die Sonate souverän, ohne die entmutigende Reaktion der Hörer im Konzertsaal zu scheuen, und mit den Jahren festigte sich im Publikum die Beurteilung der neuen Komposition endgültig. Ihre konflikthafte Anlage und ihr dramatischer Charakter, ihre Härte und Dynamik, ihre romantische Haltung und Überspanntheit widerspiegeln die Epoche, in der das Werk entstand – deren Härte und Dynamik, deren Romantik und Überspanntheit. Es ist dies ein Porträt der Jugend des Landes und das Porträt des Künstlers in seiner Jugend ...

«Lieber Leonid Wladimirowitsch, im Februar oder März wird in Warschau der Internationale Chopin-Wettbewerb stattfinden (die Teilnehmer dürfen nicht älter als 27 Jahre sein).

Ich möchte, daß von den russischen Pianisten Sofronitzki und Schostakowitsch daran teilnehmen. Sie sollten sich der internationalen Kritik stellen.»
Aus dem Brief von B. Jaworski an L. Nikolajew vom 9. Dezember 1926.

Der Wettbewerb, der im Zusammenhang mit der Einweihung des Chopindenkmals in Warschau veranstaltet wurde, begann am 23. Januar 1927. Das Programm bestand ausschließlich aus Kompositionen von Chopin und wirkte nach heutigen Maßstäben sehr bescheiden: im ersten, dem Soloteil – die *Polonaise fis-Moll*, zwei Präludien: *fis-Moll* und *b-Moll*, wahlweise eine Ballade, zwei Etüden, zwei Nocturnes, zwei Mazurkas, und im zweiten Teil – eines der zwei Konzerte für Klavier und Orchester.

Zur Vorbereitung blieb sehr wenig Zeit. Schostakowitsch gab für einen Monat das Komponieren, die Konzertbesuche und Begegnungen mit Freunden auf und machte sich an die Vorbereitung auf den Wettbewerb. Er begann, wie stets, mit voller Einsatzbereitschaft und Zielstrebigkeit. Nikolajew leitete ihn an.

Am 14. Januar 1927, wenige Tage vor der Abfahrt nach Warschau, fand im Großen Saal des Moskauer Konservatoriums eine Veranstaltung statt, die dazu diente, junge sowjetische Pianisten und führende Klavierschulen des Landes vorzustellen. Vier Musiker wurden gewählt: die Moskauer Lew Oborin (Klasse von K. N. Igumnow), Grigori Ginsburg (Klasse von A. B. Goldenweiser), Juri Brjuschkow (Klasse von K. A. Kipp) und der Leningrader Dmitri Schostakowitsch (Klasse von L. W. Nikolajew) – die ersten bevollmächtigten Vertreter der sowjetischen Klavierkunst im Ausland.

«*Schostakowitsch* (Leningrad) rückte in seiner Interpretation den poetischen Gehalt der Werke in den Vordergrund; sein Spiel war temperamentvoll und farbig, seine Spieltechnik hat indes noch nicht den letzten Schliff.»
*Musik und Revolution,* 1927, Nr. 2.

Die verbleibenden Tage wurden zur technischen Vervollkommnung genutzt, und am 21. Januar fuhr die Delegation zum Wettbewerb.

Warschau empfing die sowjetischen Musiker schweigend und mißtrauisch, verabschiedete sie aber begeistert. Den ersten Preis erhielt Oborin. «Mit Wehmut im Herzen vergab die Jury den Preis an einen Nicht-Polen.» (*Das Wort,* Warschau 1927, Februar.) Ginsburg erhielt den IV. Preis, Brjuschkow und Schostakowitsch erhielten Ehrenurkunden.

«Meine liebe Mama!
Nun ist der Wettbewerb zu Ende ... Ich bin keineswegs betrübt, denn die Sache ist ja getan. Das Programm ist mir sehr gut gelungen und ich hatte großen Erfolg. Ich war eine der 8 Personen, die zur Interpretation des

Konzertes mit Orchester zugelassen wurden. Das Konzert ist mir sehr gut gelungen... Man begrüßte mich mit stürmischen Ovationen und verabschiedete mich noch stürmischer. Alle gratulierten mir und sagten, daß es zwei Kandidaten für den ersten Preis gäbe: Oborin und mich. Außerdem sagte und schrieb man über die sowjetischen Pianisten, daß sie die besten Chancen hätten. Und wenn jemand die 4 Preise verdient, dann sind wir das. Nichtsdestoweniger entschloß sich die Jury ‹mit Wehmut im Herzen›, den ersten Preis an einen Russen zu vergeben, und dieser wurde Ljowa (Oborin) zuerkannt; die Verteilung der anderen Preise rief im Publikum heftige Verwunderung hervor. Ich erhielt nämlich eine Ehrenurkunde. Malischewski, der die Liste der Auszeichnungen verlas, vergaß meinen Namen vorzulesen. Dann hörte man aus dem Publikum Stimmen: ‹Schostakowitsch, Schostakowitsch› und Applaus kam auf. Schließlich las Malischewski meinen Namen vor, und das Publikum feierte mich mit einer stürmischen Ovation, die ziemlich demonstrativ war. Sei nicht traurig. Jetzt sitzt hier der Vertreter einer Konzertagentur, der mit mir Verhandlungen über Konzerte führt. Noch diese Woche werde ich nach Berlin fahren. Am Sonnabend, dem 5., gebe ich ein Konzert in Warschau. Ich küsse Dich innig. Euer Mitja. Einen Kuß von mir für Soja und Marusja. Ich habe große Sehnsucht. In Berlin werde ich nicht lange bleiben und komme von dort gleich nach Hause.»
Aus dem Brief von D. Schostakowitsch an S. Schostakowitsch vom 1. Februar 1927.

Nach dem Wettbewerb gaben die sowjetischen Pianisten einige Solokonzerte in Warschau, Łódż, Kraków und Poznań. Oborin, der den 1. Preis erhalten hatte, und Schostakowitsch gastierten außerdem in Berlin. Die vier jungen Interpreten (jeder eine ausgeprägte Individualität und jeder mit eigener Vorstellung von Chopins Musik) vertraten die sowjetische Klavierkunst würdig im Ausland. Mit Temperament und Aufrichtigkeit, klassischer Schlichtheit und romantischer Erhabenheit, Ernsthaftigkeit und Eindringlichkeit – so interpretierten die sowjetischen Musiker Chopin. Und diese Interpretation der Werke des großen Polen erwies sich als überzeugend.

Nachdem er nach Hause zurückgekehrt war und eine Blinddarmoperation überstanden hatte (er hatte bereits in den ersten Tagen des Wettbewerbs Schmerzen), komponierte Schostakowitsch zügig – in «einem Atemzug» – zehn graphische Klavierminiaturen, die Jaworski sofort *Aphorismen* taufte und die Kritik – weniger treffend – «Formalismen» nannte.

Dem Zyklus liegen «traditionelle» kleine Formen zugrunde – die von Zeit und Usus geweihte Serenade, das Nocturne, der Marsch, das Wiegenlied usw. Allein schon die Titel dieser Musikstücke schienen anzudeuten, welcher Stimmungscharakter hier jeweils vorherrschte. Doch was stellte sich wirklich dar? In der Serenade ist erregtes und undeutliches Murmeln bei eigenwilliger Gitarrenbegleitung zu hören; das Nocturne schreit in dreifachem Forte auf; die Legende wird zu einer trockenen und raschen Etüde und das Wiegenlied erschreckt durch schleichende Schritte und geheimnisvolle Geräusche... Ebenso wie in der Sonate war dies Ausdruck einer Befreiung, die offensichtlich polemischen Charakter trug, voller Härten, Paradoxa und geistreichem Witz. Zehn kleine Musikstücke, die sich Masken angelegt hatten, machten sich lustig über ein hergebrachtes ästhetisches Ideal und zeigten zugleich, daß man ein Nocturne, einen Marsch und ein Wiegenlied auch anders, auf neue Weise «hören» kann.

Der 10. Jahrestag der Oktoberrevolution war Anlaß einer neuen Welle festlicher Musikveranstaltungen. Im Sommer 1927 fand in Leningrad die Erste Musikolympiade unter dem Motto «Laienkunst für die breite Masse der Werktätigen» statt. Das Große Schauspielhaus bereitete zum Jubiläum eine großangelegte Aufführung *Zehnter Jahrestag des Oktober* vor und die Proben zur Massenaufführung *Die Erstürmung Perekops* waren in vollem Gange.

Bereits im Frühjahr gab die Agitationsabteilung des Musiksektors im Staatsverlag Schostakowitsch den Auftrag zur Schaffung einer Komposition anläßlich des Festtages. Begeistert machte er sich an die Arbeit, fühlte er sich doch innerlich diesem Thema gewachsen, und Anfang Herbst legte der junge Aspirant des Konservatoriums der Agitationsabteilung die gerade abgeschlossene Partitur seiner *Zweiten Sinfonie* vor – die aus einem Satz bestehende «Widmung an den Oktober».

Die Idee seiner neuen Komposition, wie übrigens die der meisten Werke sowjetischer Komponisten der zwanziger Jahre, war denkbar einfach: die Entfaltung gigantischer Kräfte in der Bewegung von der Finsternis zum Licht, vom Chaos zur Harmonie, von der Spontaneität zum revolutionären Bewußtsein. Diese Idee hatte die russischen Künstler schon seit geraumer Zeit seit Gorkis *Die Mutter*, Bloks Poem *Die Zwölf*, Majakowskis *Mysterium Buffo* bis hin zu A. Tolstois *Leidensweg* und Scholochows *Stillem Don* gefesselt. Doch während Dichtung und Literatur sich von naiv-illustrativer Darstellungsweise und rhetorischem Pathos bereits weit entfernt hatten, steckte die Musik gerade bei der Lösung dieses Themas, des Themas der Revolution, noch in den Anfängen. Musikalisches Wissen ist eben schwerer zu lernen als das Abc.

Schostakowitschs Sinfonie war lediglich eines von zahlreichen ähnlichen Experimenten. Andererseits war dieses Experiment eigenständig, mutig und prägnant (nicht zufällig wurde der erste Preis für die beste Komposition anläßlich des Jubiläums gerade diesem Werk des Komponisten zuerkannt).

Schostakowitsch, der die Literatur gründlich kannte und tief empfand, benutzte für das Chorfinale deklarative und symbolische Verse von Alexander Besymenski, die der Dichter selbst später nicht zu seinen künstlerisch gelungenen zählte. Wir wollen hier nicht rechten – damals jedenfalls schienen sie die einzig notwendigen und wirksamen Verse zu sein.

Die Mittel, die Schostakowitsch wählte, zeichnen sich durch ausgesprochene Schlichtheit und Anschaulichkeit aus: Finsternis und Chaos werden durch harte harmonische Folgen und dröhnende Bässe wiedergegeben, Kampf und Aufschwung durch motorische Bewegung nach oben und unten und der sich abzeichnende Sieg durch monumentalen Chorklang. Möglicherweise war das naiv, auf jeden Fall war es illustrativ. Dennoch, wie ausdrucksvoll und expressiv ist diese Musik! Wie symbolisch wirkt die Fabriksirene, mit der das Finale beginnt! Es ist dies zwar nicht ein in jeder Hinsicht vollkommenes und reifes, dafür aber ein denkwürdiges musikalisches Denkmal seiner Epoche.

Diese Sinfonie, mit der übertriebenen Härte ihrer Sprache, mit all ihrem Knirschen, dem Lärm und den Sirenen, stellt ein aufrichtiges Bekenntnis dar und ist dadurch besonders wertvoll. Schostakowitsch lebte mit den Ideen und Tagen seiner revolutionären Zeit, und «Die Widmung an den Oktober» ist ebenso wie *Die Oktobersonate* eine Proklamation seiner Position als Bürger, die sich bei dem erst neunzehnjährigen jungen Mann herauszubilden begann, der die Klavierstücke *Der Soldat, Hymne an die Freiheit, Trauermarsch zur Erinnerung an die Opfer der Revolution* komponiert hatte.

«Dieses Konzert bildete in Moskau die *erste* Demonstration der musikalisch-revolutionären Errungenschaf-

ten auf dem Gebiet der sinfonischen Kunst... Unter den aufgeführten Werken war die sinfonische ‹Widmung an den Oktober› von Schostakowitsch (für Chor und Orchester) besonders prägnant und bedeutend. Im ‹Oktober› von Schostakowitsch finden wir eine enorme emotionale Fülle und maximale Willensanstrengung - gleichsam eine musikalische Verwirklichung des Lebens, der Bewegung und des Kampfes... Eine Reihe ergreifend starker Momente bietet der Abschlußchor, der imposant und markant klingt. Voll beeindruckender Kraft sind die abschließenden Deklamationen des Chors ‹Oktober-Kommune-Lenin›, die von dem trockenen Sforzato der kleinen Trommel bekräftigt werden - gewissermaßen der entscheidende Schlag der Revolution... Es ist wichtig festzustellen, daß das revolutionäre Sujet den jungen Komponisten in keiner Weise sein Gesicht ändern oder ‹vereinfachen› ließ, sondern im Gegenteil ihn dazu anregte, sich allseitig zu entfalten und in dieser Komposition gleichsam künstlerisch aufzublühen.»
*Musik und Revolution,* 1927, Nr. 12.

Die Uraufführung der *Zweiten Sinfonie* fand in Leningrad unmittelbar vor dem Festtag, am 6. November 1927, statt. Sowohl von der ASM als auch von der RAPM wurde das Werk begeistert aufgenommen, da es allgemeine Tendenzen in sich vereinte. Und wie fehl am Platze klingen dann die Worte «linke Abweichung» und «Formalismus».

# Die Farce

«– Sagen Sie, – fragte uns ein gewisser strenger Bürger ... – Sagen Sie, warum heben Sie beim Schreiben das Komische hervor? Was gibt es in der Aufbauperiode Lächerliches? Was sind Sie denn für Menschen, haben Sie den Verstand verloren?

Danach suchte er uns lange und ärgerlich davon zu überzeugen, daß Lachen jetzt nachteilig sei.

– Lachen ist strafbar! – sagte er. – Ja, man sollte nicht lachen! Und lächeln auch nicht! Wenn ich dieses neue Leben sehe, diese Fortschritte, dann möchte ich nicht lächeln, dann möchte ich beten!

– Aber wir lachen doch nicht ohne Grund, – erwiderten wir. – Unser Ziel ist die satirische Darstellung gerade jener Leute, welche die Aufbauperiode nicht begreifen.

– Satire kann nicht komisch sein, – sagte der strenge Genosse ...»

I. Ilf, J. Petrow. *Das goldene Kalb*. 1931.

Nicht über die Zeit machten sie sich lustig, die Zeit flößte ihnen Ehrfurcht ein. Sie machten sich über jene Menschen lustig, die ihrer großen Zeit nicht würdig waren. Über jene Menschen, die ein vernickeltes Bett mit einem Nachttischchen nach Hause schleppten und den «weiten» Himmel über dem Kopf nicht sahen. Zwar verfielen die «verehrten» Herren Spießbürger, ohne es selbst zu merken, der Agonie, aber nicht so schnell, wie man träumte und wie man wollte. Und je schneller das Ende nahte, desto sinnloser wurde die Existenz der «verehrten Bürger», desto zügelloser und aggressiver verhielten sie sich. Ein verbissener, sinnloser Galopp der Agonie! Schaden richtete der Spießbürger an und bemühte sich, noch mehr anzurichten. Gerade deshalb betrachteten die fortschrittlichen Künstler besonders genau, beunruhigt und schmerzerfüllt die unter den Füßen wimmelnde Welt der Spießer, indem sie ohne Zögern die hohe Pflicht des Kampfes mit der Niedertracht auf sich nahmen. Ihr Schaffen wurde durch das edle Bewußtsein des engagierten Künstlers diktiert, der stets das Böse gleich welcher Gestalt bekämpft hat. Das Böse neigte in jeder Weise zur Ausbreitung, zur Totalität, zur Allmacht, auch wenn es sich in die Pelze der Neureichen, die feinen Westen der Spießbürger oder die braunen Hemden der SA kleidete. Und das haben sie begriffen. Für sie personifizierte sich das Böse in der Gestalt des Spießbürgertums, das noch lebendig, noch übel riechend, und folglich noch sehr gefährlich war. Dagegen kämpfen mußte man jetzt, auf der Stelle. Deshalb nutzte die Kunst die schlagkräftigste und zornigste Waffe – das Lachen.

... Sie scheuten sich nicht, von den Höhen des pathetischen, reinen und klangvollen Stils zur banalen und vulgären Sprache herabzusteigen, sie scheuten sich nicht, den Spießbürger zu ihrem Helden, genauer gesagt, zu ihrem Antihelden zu machen. Sie, die von der Revolution mobilisiert und gerufen waren, wußten, daß sich jemand auch damit beschäftigen muß. In ihren Werken breitete sich das elementare Leben des Spießbürgertums, das einem Infusorium gleicht, wie unter dem Mikroskop aus, indem es sein primitives und erschreckend leeres Wesen offenbarte.

Sie verfaßten Novellen und Erzählungen, Gedichte und Poeme, Theaterstücke und Feuilletons. Sie malten, inszenierten Theateraufführungen, sagten es schlicht und vollbrachten die spaßigsten Sachen mit der unschuldigsten Miene und modellierten gemeinsam die große, groteske Maske des Spießbürgertums heraus.

Sie vereinigten sich unter der Fahne der «Blauen Bluse» und schlossen sich in anderen Gruppen zusammen. Sie waren zahlreich. Wladimir Majakowski und Michail Sostschenko, Daniil Charms und Nikolai Olejnikow, Ilja Ilf und Jewgeni Petrow, Nikolai Radlow und Jewgeni Schwarz, Sergej Radlow und Wsewolod Meierhold, Michail Bulgakow und Nikolai Sabolotzki.

Und Dmitri Schostakowitsch.

Er überwand fast als einer der ersten sowjetischen Komponisten die Kluft zwischen dem «Hohen» und dem «Niederen». Das «Niedere» aber - die seinerzeit in der Periode der sogenannten «Neuen ökonomischen Poltik» verbreitete reichliche kommerzielle Musikproduktion - bildete, indem sie den Markt überschwemmte, jene Schicht des musikalischen Alltags, von dem sowohl die ASM als auch die RAPM sowie die akademisch gebildeten Musiker nichts wissen wollten. Billige Lyrik, spießiges Vokabular, vulgärer Cancan und banale Operette. Schostakowitsch scheute sich nicht, der Plattheit zu verfallen, weil ihn diese Genres nicht als solche interessierten. Er gebrauchte sie nur als Mittel zu parodistischer Entlarvung, als eine mächtige und vernichtende Waffe. Während er an der *Zweiten Sinfonie* arbeitete, sammelte Schostakowitsch Material für seine Oper *Die Nase*. Revolutionäres Pathos und gleichzeitig Satire? Die rhetorisch geprägten Gedichte Besymenskis und das Groteske der Gogolschen Prosa? Ein aktuelles Thema und eine Farce aus der Zeit unter Zar Nikolaus I.? Eine anscheinend undenkbare Mischung. In solchen unerwarteten und sonderbaren Mischungen bewegte sich indes die Zeit selbst. Schostakowitsch aber war allgegenwärtig, ein aufmerksamer und sehr feinfühliger Beobachter. Er war Künstler.

Außerdem war er nun ein Erwachsener (21 Jahre alt; ein Großvater mußte in diesem Alter die traurige Fahrt in die Verbannung antreten), und die ergreifende Ernsthaftigkeit der *Zweiten Sinfonie* verschleierte für ihn nicht die keineswegs ergreifende Welt der Bürger mit ihren Nachttischen. Er wußte um sein Recht - das Recht des Musikers -, sich darüber böse, scharf und unversöhnlich äußern zu können, und machte sich entschlossen an die künstlerische Gestaltung des Themas, das bislang kein sowjetischer Komponist so umfassend zu bearbeiten gewagt hatte. Mit dem satirischen Pathos der Oper *Die Nase* bekräftigte Schostakowitsch seine Position als Sowjetbürger genauso entschlossen, wie er sie mit dem romantisch gehobenen Gestus der *Zweiten Sinfonie* «Widmung an den Oktober» bestärkt hatte.

«Die unwahrscheinliche Geschichte von dem Major Kowaljow, der seine Nase verloren hat, wurde zu einer tödlichen Satire auf menschliche Banalität umgestaltet...

Die Musik zerstört die eng historischen Nuancierungen der geschilderten Charaktere, sie verallgemeinert, zeigt sie als lebendige Menschen, ja sogar als unsere Zeitgenossen.»

I. Sollertinski. «*Die Nase» von Schostakowitsch.* 1930.

Das Problem einer neuen sowjetischen Oper stand schon längst auf der Tagesordnung. Dieses aufwendige, von Traditionen und Neigungen der Musikliebhaber sanktionierte Genre ließ sich freilich schwer erneuern. Das 1923 gegründete Hauptkomitee für die Spielplangestaltung der Theater war bestrebt, mit allen Mitteln auf die Gestaltung der Spielpläne einzuwirken, doch zeitigte der Glaube an die magische Kraft von Resolutionen nur ziemlich trostlose Ergebnisse.

Man versuchte, alte Opern auf neue Art umzugestalten (so machte man beispielsweise aus Glinkas Oper *Iwan Sussanin,* ohne die Musik zu verändern, die Oper *Hammer und Sichel,* und aus Meyerbeers Oper *Die Hugenotten* - die *Dekabristen*). Es gab Versuche, neue Opern auf revolutionäre oder historische Stoffe zu komponieren, doch der neue Inhalt ließ sich nicht in die gewohnten Rollentypen und Schemata der klassischen Form hineinpressen, die sich ihrerseits sowohl im Bereich der Oper als auch im Ballett verzweifelt zur Wehr setzte. Einige Opern dieser Periode – etwa *Für das rote Petrograd* von Gladkowski und Prussak, *Aufruhr der Adler* von Pastschenko sowie *Stepan Rasin* von Triodin – werden heute nur noch in Lehrbüchern und Lexika als eigenständige künstlerische Denkmale ihrer Zeit erwähnt. Das Theater- und Musikleben Rußlands bestimmten, ungeachtet der Mißerfolge der vorgenommenen musikalischen Experimente, weiterhin einige klassische russische Opern sowie eine Anzahl Operetten. Nur hin und wieder erschienen ausländische «Gastspiele» wie etwa *Die Nachtigall* von Strawinsky, *Salome* von Richard Strauss, und *Wozzek* von Berg.

«Die Operntheater sind gleichsam Häuser mit offenen Türen und gedeckten Tischen – nur der langersehnte Gast, der große Komponist und Dramatiker, ist noch nicht dorthin gekommen.»
A. Lunatscharski. *Die Errungenschaften des Theaters zum neunten Jahrestag der Oktoberrevolution.* 1926.

Die Notwendigkeit grundlegender Reformen auf dem Gebiet der Oper wurde von allen empfunden, aber es wollte einfach nicht gelingen, neue Wege zu finden. Der Umbruch begann mit Schostakowitschs Oper *Die Nase,* die Sollertinski später «die erste originelle Oper, die auf sowjetischem Boden von einem sowjetischen Komponisten geschrieben wurde», nannte.

Auf die Idee, eine Oper auf einen Text von Gogol zu komponieren, kam Schostakowitsch nicht mit einemmal. Zunächst suchte er lange in der Gegenwartsliteratur nach Material, und erst dann «mußte er sich den Klassikern zuwenden» – Saltykow-Schtschedrin, Tschechow und Gogol. Er wählte *Die Nase.* Seinerzeit befaßten sich viele mit Gogol. Die tragikomische Grundlage seiner Werke, die plötzlichen Übergänge vom Prosaischen ins Phantastisch-Unwirkliche, Burleske und in romantische Gehobenheit - all das entsprach jener Zeit. 1926 drehten Juri Tynjanow, Grigori Kosinzew und Leonid Trauberg einen Film nach Gogols *Mantel,* und Wsewolod Meierhold und Igor Terentjew inszenierten Theateraufführungen des *Revisors.*

«Was mich anbelangt, so ist man, die eine oder die andere Seite meiner Person prüfend, zu manchem Schluß gekommen, hat aber mein eigentliches Wesen nicht bestimmt. Das hat einzig Puschkin erkannt. Er hat mir immer gesagt, daß noch kein einziger Schriftsteller jene Gabe hatte, so deutlich, so scharf das Banale des Lebens herauszustellen, mit solcher Kraft das Banale des banalen Menschen zu zeichnen, damit all das Unbedeutende, das den Augen entgleitet, allen groß vor Augen tritt.»

N. Gogol. *Ausgewählte Stellen aus dem Briefwechsel mit Freunden.* 1843.

Im März 1927 erlebte Schostakowitsch im Haus der Presse den *Revisor* von Terentjew und im September - die Gastaufführung des *Revisors* von Meierhold. Im Herbst schloß er die Arbeit am Libretto ab, und es lagen bereits zahlreiche musikalische Skizzen vor - darunter Entwürfe, von denen einige mit Themen zur Sinfonie *Widmung an den Oktober* vermischt waren.

Schostakowitsch war mitten in der Arbeit, als Anfang Januar 1928 in seiner Wohnung in der Maratstraße plötzlich das Telefon klingelte. Meierhold meldete sich am Apparat: «Ich möchte Sie sehen. Wenn Sie können, kommen Sie zu mir. Hotel soundso, Hotelzimmer soundso.» Einige Tage später wurde Schostakowitsch im Meierhold-Theater in Moskau als Leiter der Musikabteilung und als Pianist angestellt. Er nahm diese Arbeit sofort an, reiste nach Moskau und nahm die Skizzen zur Oper mit.

Schostakowitsch erlebte einige Inszenierungen Meierholds – die *Maskerade* von Lermontow, den *Wald* von Ostrowski, den *Trust D.* von Ehrenburg und das *Mandat* von Erdman. Über Meierhold hatte er viel von seinem Studiengenossen am Konservatorium, Leo Arnschtam, erfahren, der damals Pianist am Meierhold-Theater war. Meierhold war ihm auch von der Aufführung des *Revisors* in Leningrad in Erinnerung – eine fliegende Gestalt mit nach vorn gestreckter Hand, üppigem Haar und einer raubtierartigen Hakennase – ein kampflustiger Hahn, der sich grimmig in jene Richtung des Saales verbeugte, wo besonders laut gepfiffen wurde. Das Interesse für diesen Regisseur war enorm.

Schostakowitschs Pflichten am Theater waren nicht besonders groß und bestanden im Klavierspiel – bald im Orchesterraum, und bald auf der Bühne – und ab und zu im Zusammenstellen von Musikeinlagen für Proben und Aufführungen. Die übrige Zeit, und die war reichlich vorhanden, nutzte er für Studien, Diskussionen und Gespräche. Zum ersten Mal befand er sich in einem Kollektiv von schöpferisch Gleichgesinnten. Igor Iljinski und Erast Garin, Sinaida Reich und Lew Swerdlin, Sergej Martinson und Wassili Saitschikow – die besten Schauspieler des Meierhold-Theaters – wirkten mit Freude an den hinreißenden Inszenierungen des Meisters mit. Trägheit und Ruhe gab es im Theater nicht, so wie es auch keine friedlichen Erstaufführungen gab. Schostakowitsch wohnte in Meierholds Wohnung, spielte sehr viel und diskutierte über vieles. Und er komponierte natürlich weiter.

«In diesem Theater war es für mich sehr interessant. Und das Bemerkenswerteste waren Meierholds Proben. Wenn er seine neuen Inszenierungen vorbereitete, war das ungemein spannend, es war hinreißend. Am nächsten stand mir der *Revisor*, vielleicht deshalb, weil darin mit meiner Arbeit an der Oper *Die Nase* etwas Gemeinsames lag.»

D. Schostakowitsch. *Im Jahre 1928.* – In: *Theater*, 1974, Nr. 2.

In der Tat haben *Revisor* und *Nase* sehr viel gemeinsam: in der Wahl des Sujets, in der sozialen Tendenz und dem grotesken Charakter der Aufführungen, in der Struktur und der Art der Handlungsabläufe usw. Schostakowitsch übernahm vieles von Meierholds Regieführung. (Er gestand selbst, daß «er sogar anders zu komponieren begann».) Und vielleicht ist gerade durch diese Art von Regieführung die gigantische, exzentrische Maske der *Nase,* Schostakowitschs erstem Bühnenwerk, so reif und so klassisch exakt herausgeformt.

Es wäre freilich vermessen, alle Vorzüge der Oper auf die Nachahmung des Meisters durch den Schüler zurückzuführen. Alle waren gemeinsam am Werk, jeder etwas auf seine Art: Piotrowski experimentierte unermüdlich im Theater und im Kino, Lopuchow und Jakobson suchten nach Wegen für das sowjetische Ballett, Sokolowski gründete das Theater für die Arbeiterjugend (TRAM), und aus der Leningrader Straße Krasnye Sori (Straße der Morgenröte) ertönten appellartig die Sirenen der Fabrik «Sowkino» – dort wirkten Eisenstein, Kosinzew und Trauberg. Sie alle waren Universalgenies. Jeder vereinte in sich die Begabung des Regisseurs mit der eines Malers, eines Kameramanns, mit der eines Bühnengestalters, eines Ballettmeisters, mit der eines Tänzers. Ihre Werke waren ebenfalls universell – mit Theater-, Kino-, Plakat- und Zirkuselementen. All das zusammen nannte sich Kunst der zwanziger Jahre, und *Die Nase* erwies sich als echtes Kind seiner Zeit.

Auf den ersten Blick behielt der Komponist in der

Oper *Die Nase* alles bei, was in jeder echten Oper vorhanden sein muß: sowohl Orchestereinleitungen als auch Arien, Ensembleszenen und prächtige Finales. Indes finden sich überall in der Oper Verfremdungseffekte verschiedenster Art – etwa ein fieberhaftes Heraussprudeln der Worte anstatt einer Kantilene, oder ein Quartett, in dem die vier Partner einander weder sehen noch hören, da sie sich in verschiedenen Häusern (!) Petersburgs befinden.

Durch die Absicht des Komponisten verfremdete sich die Opernform auf allen Strukturebenen vom gewohnten Inhalt, wie sich nach den Regeln dieses paradoxen Spiels auch die gewohnten Dinge und Begriffe von den ihnen eigenen Daseinsformen verfremdeten. Kowaljow erhält eine Antwort der Frau Podtotschina auf seinen Brief an sie, den sie selbst noch nicht gelesen hat, und in den Massenszenen rennt die Menge der Nase nach, indem sie munter stehenbleibt. Die Zeit kehrt um, die Bewegung schlägt in Starre um – alles wird karikiert, bis hin zu unerschütterlichen Naturgesetzen.

Diese Methode war nicht (wie beispielsweise in den *Aphorismen*) einfach eine glänzende Erfindung eines Neuland erobernden Künstlers, der es gewohnt ist, alle Normen anzuzweifeln (obwohl im Schaffen seiner Freunde auf dem Gebiet der künstlerischen Satire auch dieses Motiv vorhanden war). Diese Methode war auch nicht einfach ein Angriff des Neuland erobernden Künstlers auf das überalterte, mit der Patina der Traditionen überzogene Grenre. Diese Methode schöpfte Schostakowitsch aus der eigenständigen Anlage der Gogolschen Novelle, aus der darin umgestülpten Welt Rußlands unter Zar Nikolaus I., wo nicht nur die Nase des Majors Kowaljow getrennt von ihm existiert, sondern die menschliche Persönlichkeit selbst sich von der Umwelt entfremdet.

Es wäre naiv, in der Oper nach elementaren, damals aktuellen Bezügen zu suchen und in ihr lediglich eine Satire auf das Spießbürgertum vom Schlage der zwanziger Jahre zu sehen, wie das viele Zeitgenossen Schostakowitschs taten. Übrigens enthält sie sicher auch dies, denn die unsterbliche Phantasie Gogols ist allmächtig. Die Novelle aber, und nach ihr die Oper, sind weitaus reicher als jedwede Deutungen, die ihre «universelle Komik» direkt mit dem vorgestrigen, gestrigen und heutigen Tag zu verknüpfen suchen.

Schostakowitsch beendete die Oper bereits in Leningrad, nachdem er die Arbeit im Meierhold-Theater in Moskau aufgegeben hatte und nach Hause zurückgekehrt war.

«... Im selben Jahr bin ich dort weggegangen: Es gab zu viel technische Arbeit. Ich fand keine Arbeitsform, die sowohl Meierhold als auch mich befriedigt hätte ...»

D. Schostakowitsch. *Im Jahre 1928.* - In: *Theater,* 1974, Nr.2.

Im Herbst 1928 wurde die Oper im Leningrader Staatlichen Kleinen Opperntheater (MALEGOT) erstmals vorgespielt. Das zweite Exemplar der Partitur schickte Schostakowitsch nach Moskau. Er hatte den Wunsch, daß Meierhold in Moskau *Die Nase* inszenieren möge. Die Überlastung des Regisseurs verhinderte jedoch die Verwirklichung dieses Wunsches, und die Moskauer Erstaufführung der *Nase* fand erst viel später statt - im Jahre 1974.

Unter den Leningrader Theatern galt das MALEGOT als der eifrigste Fürsprecher von Experimenten. Der künstlerisch-politische Rat des Theaters erklärte, daß das MALEGOT «den Weg der entschiedenen Sowjetisierung des Opernrepertoires antrete», und mit Feuereifer gingen der Chefdirigent Samuil Samosud, der Regisseur Nikolai Smolitz und der Bühnenbildner Wladimir Dmitrijew an die Inszenierung der *Nase*. Das künstlerische Personal des Theaters war mit der Oper sogleich einverstanden. Die Sänger, von denen einer während der ganzen Aufführung mit zugehaltener Nase singen mußte, lernten bald das Angemessene und Natürliche der Vokalpartien schätzen, die keineswegs einfach und gesanglich waren. Die Proben verliefen voll Schwung und mit besonderer Sorgfalt. Alle waren sich der Bedeutsamkeit des Ereignisses bewußt: Die erste sowjetische Oper, die dem Thema, der Dramaturgie, der Form und der Sprache nach neu war, sollte aufgeführt werden.

Die Premiere wurde jedoch verschoben. Das Theater durfte die Arbeit am laufenden Repertoire nicht vernachlässigen. Für die Saison 1928/29 waren viele neue Aufführungen geplant, und *Die Nase* erforderte einen bedeutenden Zeitaufwand für die Einstudierung des ungewöhnlichen Materials.

Im März 1929 kündigte man schließlich die Leningrader Erstaufführung an, und am 16. Juni fand im MALEGOT eine konzertante Aufführung der *Nase* für die Vertreter der verschiedenen künstlerischen Organisationen statt. Die Meinungen gingen auseinander, das Datum der Erstaufführung wurde indes einmütig festgelegt. Sie fand am 18. Januar 1930 statt.

«Zu verwegenen Galopps und tollkühnen Polkas drehten, wirbelten die Dekorationen von W. Dmitrijew durcheinander: Gogols Phantasmagorie wurde Klang und Farbe. Die besondere Bildlichkeit der jungen russischen Kunst, verbunden sowohl mit recht kühnen Versuchen auf dem Gebiet der Form als auch mit dem städtischen Liedgut – Aushängeschilder der kleinen Kaufläden und Kneipen ... Orchester bei billigen Tanzabenden –, stürmte ins Reich der *Aida* und des *Trou-*

*badour*. Gogols Groteske wütete: Was war hier Farce, was Prophezeiung?

Unwahrscheinliche Orchesterklänge, Texte, die undenkbar zum Singen schienen... ungewöhnliche Rhythmen... die Einbeziehung all dessen, was früher antidichterisch, antimusikalisch, vulgär schien, in Wirklichkeit aber lebendige Intonation, Parodie – Kampf mit dem Konventionellen war... Das war eine sehr lustige Aufführung.»
G. Kosinzew. *Raum der Tragödie.* 1973.

Die erste Reaktion der Kritik – nämlich Erstarrung – glich erstaunlich der Schlußszene des *Revisor*. Diese Reaktion hielt indes nicht lange an. «Satire darf nicht lustig sein», – sagten die strengen Genossen und gingen geschlossen zum Angriff über.

«Das alles als eine sowjetische Oper zu betrachten, ist nicht möglich... Nur einige wenige formale Momente können später für die Inszenierung einer wahrhaft proletarischen Aufführung benutzt werden und das natürlich mit einer anderen Thematik und veränderter Zielstellung.»
*Die rote Zeitung* (Abendausgabe), 1930, 20. Januar.

Noch schärfer in ihrer prinzipiellen Ablehnung der Oper drückten sich einige sowjetische Kritiker in der Zeitschrift *Der Arbeiter und das Theater* 1930, Heft Nr. 5 und 7 aus. Man warf Schostakowitsch u. a. sexuelle Beweggründe bei der Schaffung seiner Oper vor.

Natürlich gab es auch einen anderen Standpunkt.

«Was für eine Brille muß man sich auf die Nase klemmen, um im Sujet der Oper Mystisches oder Sexuelles festzustellen? Wenden wir uns der Musik zu. Liegt es tatsächlich außerhalb der Entwicklung der sowjetischen Oper, daß

– Schostakowitsch mit der alten Opernform Schluß

gemacht hat und Rückfälle in Stücke à la *Stenka Rasin* oder *Iwan, der Soldat* unmöglich machte?

– er die Opernkomponisten auf die Notwendigkeit der Schaffung einer neuen Musiksprache hingewiesen hat, statt sich der verwischten Klischees der Epigonen Tschaikowskis oder Korsakows zu bedienen?

– er uns hochinteressante Versuche einer Musik präsentierte, die lediglich auf Rhythmus und Klangfarbe basiert?

– er die gewöhnlich wenig bewegliche Opernszene dynamisiert hat, indem er sie mit seinen hitzigen und scharfen Rhythmen in Schwung brachte und damit die Oper mit der fortschrittlichen Theatertechnik verband?

– er – wahrscheinlich erstmals in der russischen Oper – seine Helden nicht in konventionellen Arien und Kantilenen sprechen ließ, sondern in lebendiger Sprache?»
*Der Arbeiter und das Theater*, 1930, Nr. 7.

Sollertinskis erstaunte Frage in seinem glänzenden Artikel *Die Nase – eine weitreichende Waffe* wie auch Meierholds «Sehr gut!» blieben freilich in der Luft hängen. Die erbitterte Diskussion, in der die Gegner der Oper in der Überzahl waren, zog sich durch einige Hefte der Zeitschrift *Der Arbeiter und das Theater*. Und der Streit ging nun im Grunde – weniger um das Werk als solches, sondern vielmehr um die Entwicklungswege der sowjetischen Oper überhaupt, um ihre Aufgaben und Möglichkeiten.

Die Oper *Die Nase* erlebte sechzehn Aufführungen, davon vierzehn in der Saison 1929/30 und zwei (!) in der Saison 1930/31. Danach verschwand sie für lange Zeit von der Bühne. Der Weg «einer entschiedenen Sowjetisierung des Opernrepertoires» erwies sich als sehr mühsam. Das veranlaßte Boris Assafjew im Jahre

1934, ein bitteres Nachwort zur Geschichte von Schostakowitschs erster Oper zu schreiben.

«Das Schicksal der interessanten Oper *Die Nase* ist höchst traurig. Als der junge Komponist wagte, durch Musik das wahre Gogolsche Leben zu erschließen und dadurch mit den seine Phantasie beunruhigenden ‹Bildern der Vergangenheit› abzurechnen, warf man ihm einfach Formalismus vor, statt eine sorgfältige Wertung vorzunehmen. Wenn Schostakowitsch diese Novelle von Gogol in der idyllisch-naiven Musiksprache der *Mainacht* von Rimski-Korsakow gestaltet hätte, hätte man ihn wahrscheinlich nicht als Formalist bezeichnet.

Diese Oper bringt überraschend das Werden eines neuen Inhalts bei der Einschätzung einer der schrecklichsten Perioden der Petersburger Wirklichkeit zum Ausdruck und markiert dementsprechend die Geburt eines neuen Stils und einer neuen Gestaltungsform der russischen Oper.»

B. Assafjew. *Über das Schaffen Schostakowitschs und seine Oper Lady Macbeth.* 1934.

Schostakowitsch hatte allerdings nicht vor, sich von den «Bildern der Vergangenheit» zu trennen, die «seine Phantasie beunruhigten». Während die Aufführung der *Nase* vorbereitet wurde, schrieb er die Musik zum Theaterstück *Die Wanze* nach Majakowski, und im Frühjahr 1930 machte er sich Gedanken über eine Oper *Die Karausche* nach einem Gedicht von Nikolai Olejnikow. Das Sujet bot ausgezeichnete Möglichkeiten: die Welt unter der Wasseroberfläche, Karauschenweibchen, eine wundervolle Madame, die Leidenschaften der Fische... was will man da mehr! Leider wurde dieses Vorhaben, wie auch spätere Pläne für die Operette *Zwölf Stühle,* für eine Oper nach Gogols Komödie *Die Spieler* sowie für Opern nach Texten von SaltykowStschedrin und Tschechow nicht verwirklicht.

# Film, Ballett, Theater...

Kaum hatte Schostakowitsch die Partitur der *Nase* abgeschlossen und sie dem Theater übergebeben, da stürzte er sich erneut in die Arbeit. Nebeneinander komponierte er die Musik für Filme und Theaterstücke, eine Sinfonie, Ballette und sogar Musikstücke für die Leningrader Music-Hall. Parallel dazu lief eine intensive Konzerttätigkeit: Konzertreisen in verschiedene Städte des Landes, Solokonzerte und Auftritte mit Orchester (besonders häufig das *Erste Klavierkonzert* von Tschaikowski), gemeinsames Konzertieren mit der Pianistin M. Judina, der Sängerin L. Wyrlan und dem Cellisten W. Kubatzki. Er war universell und wollte alles erkennen und versuchen.

Im Dezember 1928 kam er erneut zum Film.

Die Epoche der Filmmusik hatte begonnen. Vorerst für die Filmorchester bestimmt, war die Filmmusik als breiter musikalischer Strom gedacht, der sich als Kontrapunkt zur äußeren, stummen Handlung bewegt, die Charaktere der Helden erschließt und im Film dramaturgische Akzente setzt. Die Zeit der Schablone und naiven Illustrationen war vorbei. Das Recht, erster zu sein, boten Schostakowitsch die jungen Regisseure Kosinzew und Trauberg, indem sie bei ihm die Partitur zum Film *Das neue Babylon* in Auftrag gaben.

Es war dies die romantische Liebesgeschichte der Verkäuferin Louise und des Soldaten Jean, die sich während der Pariser Kommune auf verschiedenen Seiten der Barrikaden befanden. Die Filmmusik verband die Getrennten, erläuterte das Vergangene und prophezeite das Künftige, offenbarte das Geheime und negierte das Offensichtliche. Noch war sie ein musikalisches Mosaik und dröhnte mit plakativer Geradlinigkeit als *Marseillaise* zu den Bildern der Parks in Versailles. Sie war aber sehr bestrebt, ein einheitlicher Akkord zu werden, in dem Louises und Jeans Liebe das Bild der Klassenauseinandersetzungen lediglich nuancieren sollte.

Das Schicksal der ersten Filmmusik war tragikomisch. Die Kinoorchester lehnten es rundweg ab, die neue, nicht immer verständliche Musik zu spielen, und warfen den Filmemachern vor, die Spezifik des Kinos zu ignorieren. Die Filmemacher ihrerseits hasteten durch die Kinotheater, beschwichtigten, flehten, drohten und überredeten schließlich die Orchester, zwei-drei Tage nach der Partitur zu spielen.

«In den Beschwerdebüchern zahlreicher Kinotheater wurde an Spieltagen eine empörte Eintragung festgestellt, die aussah, als ob sie von ein und derselben Person stammte: ‹Der Dirigent des Orchesters war heute betrunken!› Man schimpfte den Komponisten einen Flegel und warf ihm Unkenntnis in der Orchestrierung vor. Man begegnete der Partitur sehr feindlich. Es war viel einfacher, auf die alte Art und Weise weiterzuleben ...

Nach einigen Tagen verstummten die Verwirrung stiftenden Klänge. Das Orchester spielte munter wie früher weiter.»

G. Kosinzew. *Die tiefe Leinwand.* 1971.

Die Praxis der erwähnten Kinoalben triumphierte.

Aber auf der Straße Krasnye Sori war es nach wie vor laut: man suchte, versuchte und experimentierte. Man baute unwahrscheinlich große Anlagen und preßte unwahrscheinlich laute Klangapparate hinein. Die Filmmusik probte ihre Stimme. Die nächste Arbeit von Kosinzew und Trauberg war der Film *Allein.* Er berichtet vom Schicksal einer Dorflehrerin, die in einem abgelegenen Dorf im Altai für das neue Leben kämpft. Als Tonregisseur zog man Arnschtam und als Komponisten Schostakowitsch heran. Seine zweite Filmmusik schrieb er schon weitaus sicherer, indem er alle wichtigen dramaturgischen Linien des Films in sinfonischer Entwicklung zusammenfaßte und das erste Lied in der sowjetischen Filmkunst – *Wie schön wird das Leben sein* – zum Hauptthema wurde. Und keinerlei Filmmusikalben konnten das verhindern.

*Goldene Berge,* durchweg ein Tonfilm, wurde zur nächsten Arbeit Schostakowitschs auf dem Gebiet des Films. Die Aufnahmegruppe bestand nach Arnschtams Aussage aus «völlig unsoliden jungen Leuten» – dem Regisseur Sergej Jutkewitsch, dem Kameramann Georges Martow, dem Tonregisseur Leo Arnschtam und dem Komponisten Dmitri Schostakowitsch. Die Gruppe hatte sich die Aufgabe gestellt, den Weg des Analphabeten Pjotr, eines verschüchterten Bauern, zu zeigen, der schließlich die Gerechtigkeit und Notwendigkeit des Kampfes der Arbeiterklasse erkennt. Die gleiche Idee – die Entwicklung von der Spontaneität zum revolutioren Bewußtsein – «trug» den Film *Allein,* wie sie auch die vier Jahre zuvor komponierte *Zweite Sinfonie* «getragen hatte».

Ans Komponieren ging kein Neuling, sondern ein Meister, der die Gesetze der Filmkunst voll erkannt hatte, die Gesetze der Verbindung des Tons mit den besonderen Aspekten von «Raum und Zeit» im Filmwesen. Auf der Grundlage des Liedes *Hätte ich goldene Berge* entstand eine Partitur von wahrhaft sinfonischer Anlage und Geschlossenheit. Das Schicksal der Filmmusik war entschieden.

«Musik, die komplizierte Beziehungen zum Wort und zu Montagebildungen knüpft, Musik, die dem Film dramaturgische Einheit verleiht, – von so einer Musik haben wir geträumt! Solche Musik konnte allein schon auf Grund ihres Wesens nicht in kleine Stücke geteilt sein! . . .

Die ganze Musik gestaltete Schostakowitsch in großen sinfonischen Formen. Und als seinen wohl prinzipiell bedeutsamsten Erfolg halte ich die Fuge, die er für Orgel und großes Sinfonieorchester geschrieben hat.»
L. Arnschtam, *Musik des Heroischen.* 1977.

Ein Jahr später wurde überall das die Herzen im Sturm erobernde Lied *Entgegen dem kühlenden Morgen* aus der Musik Schostakowitschs zu dem Film *Der Gegenplan* bekannt, ein Lied, dessen Melodie in den Jahren des Großen Vaterländischen Krieges zur Hymne der Vereinten Nationen wurde. Zwanzig Jahre später bezeichnete Schostakowitsch die Filme *Goldene Berge* und *Gegenplan* als Wendepunkt seines Filmschaffens, einer Tätigkeit, die in der Folge noch dreißig weitere Filme umfassen sollte.

Im Frühjahr 1929, als die Produzenten des Films *Das neue Babylon* auf der Suche nach Gleichgesinnten durch die Kinotheater eilten, wurden im sowjetischen Ballett, wie auch in der Oper, grundlegende Probleme zur Erneuerung des Repertoires diskutiert. Eine besonders konservative Kunstform, das klassische Ballett, nahm unter dem Druck des Ausdruckstanzes und der .Pantomime eine höchst wunderliche und abstoßende Gestalt an, wollte aber nicht kapitulieren. Das Leningrader Opern- und Balettheater (GATOB) schrieb einen Wettbewerb für das beste Szenarium einer zeitgenössischen Balettaufführung aus und wies im besonderen darauf hin, daß dies eine Aufführung mit zahlreichen Massenszenen sein sollte. Den ersten Preis erhielt der Regisseur Alexander Iwanowski für das Szenarium *Die Dynamiade.* Die Musik zum Ballett wurde Schostakowitsch in Auftrag gegeben. Die Aufführung gestalteten die Ballettmeister Wladimir Tschesnakow, Wassilij Weinonen und Leonid Jakobson, der Dirigent Alexander Gauk und die Bühnenbildnerin Walentina Chodassewitsch. Das Ballett wurde *Das goldene Zeitalter* genannt.

Das Szenarium schildert eine einfache Geschichte: Sowjetische Sportler reisen zur Weltausstellung *Das goldene Zeitalter* ins Ausland, wo sie auf faschistoide Vertreter der westlichen Welt stoßen. Nach einer ganzen Reihe von Abenteuern gewinnt die sowjetische Mannschaft sämtliche Wettbewerbe und führt zum Abschluß den Tanz der Solidarität und Freundschaft mit den westlichen Arbeitern auf. Ein solcher Stoff bot große Möglichkeiten, und in der Aufführung wurde all das verwirklicht, wonach die sowjetische Ballettkunst der zwanziger Jahre gestrebt hatte.

Erstens trug die Aufführung einen offensichtlich publizistischen Charakter. Die Antithese «wir» und «sie» war als riesiges symbolisches Agit-Plakat gestaltet, auf dem die Farben sich nicht vermischten. Das zeigte sich auch in den von Frau Chodassewitsch entworfenen Kostümen der Tänzer: dunkle Töne, diffuse Linien der Silhouetten in den Gewändern der Vertreter des kapitalistischen Westens und leuchtende. rot-blau-gelbe Kostüme bei den Vertretern der sowjetischen Mannschaft. Das äußerte sich auch in Schostakowitschs Musik: einerseits sinnlich-lässige Jazz- und groteske Foxtrottrhythmen und andererseits die federnde Prägnanz des Marsches. Der zentrale Konflikt der Revolutionsepoche – der Konflikt zweier unversöhnlicher Lager – wurde im «Goldenen Zeitalter» mit deklarativer Eindeutigkeit ausgedrückt. Geradlinigkeit der ästhetischen Position der künstlerischen Produzenten war hier indes unvermeidlich, so wie eine Kinderkrankheit, die man überstehen muß.

Zweitens trug die Theateraufführung einen betont sportlichen Charakter. In der Welt der Erbauer eines neuen Lebens trieben alle Sport. Bewegung, muskulöser

Körperbau, Konzentriertheit, Rhythmus - so stellte man sich den idealen Menschen der Zukunft vor. Darauf stützten sich die Ballettmeister bei der Choreographie für die Tänzer der sowjetischen Mannschaft; darauf stützte sich auch Schostakowitsch, für dessen Musik das Marschelement und der Dur-Charakter zum Hauptelement wurde. (Es war kennzeichnend, daß das Sujet des Balletts unmittelbar mit dem Sport zusammenhing, und vielleicht wurde Iwanowski gerade für dieses sportliche Element mit dem ersten Preis ausgezeichnet.)

Drittens trug die Aufführung einen synthetischen Charakter, weil sie ähnlich wie viele damalige Theateraufführungen die Ausdrucksweise verschiedener Kunstarten in sich vereinte. *Das goldene Zeitalter* enthielt Elemente des Films und des Zirkus, der Music-Hall und der politischen Rundschau, der Revue und der Tanzsuite und entfaltete sich in einer Reihe selbständiger Episoden in Gestalt von Massenszenen.

Schostakowitschs Partitur setzte sich, der Gesamtaufgabe untergeordnet, aus einzelnen Musikstücken zusammen, obwohl der Komponist offensichtlich das Ideal der Filmmusik anstrebte - die Vereinigung des Ganzen im Rahmen einer sinfonischen Entwicklung.

Die Erstaufführung des *Goldenen Zeitalters* fand am 26. Oktober 1930 statt und erregte großes Aufsehen. Die Anhänger des klassischen Balletts weigerten sich, den sportlichen Charakter der Tänze sowie die harte Musiksprache Schostakowitschs zu akzeptieren; die Kritik verurteilte das Ballett noch entschiedener.

«Hier kann man sowohl den offensichtlichen Opportunismus und die Vulgarisierung eines ernsten Themas als auch eine unmäßige Begeisterung für Formalismus feststellen... Wie konnte es geschehen, daß die dem sowjetischen Theater feindliche Ideologie der bürgerlichen Music-Hall auf die Bühne eines Staatstheaters vorgedrungen ist, und dazu noch in so einer unmäßigen Dosis?»

*Der Arbeiter und das Theater*, 1930, Nr. 60–61.

Das Werk wurde bald vom Spielplan abgesetzt; Schostakowitsch begann jedoch umgehend, wiederum im Auftrag des Leningrader Opern- und Ballettheaters, die Musik zum Ballett *Der Bolzen* zu komponieren, das eine natürliche Fortsetzung des *Goldenen Zeitalters* bildet, obwohl ein anderes Künstlerkollektiv daran arbeitete: der Szenarist Wladimir Smirnow, der Ballettmeister Fjodor Lopuchow sowie die Bühnenbildner Tatjana Bruni und Georgi Korschikow. Die Antithese von «wir» und «sie» kam in dem Werk genauso geradlinig zum Ausdruck, nur mit dem Unterschied, daß sie mehr lokalen Charakter trug. Die Handlung spielt in einer Fabrik, wo energische Arbeiter und Komsomolzen Opportunisten und Schädlinge entlarven. Die positive Gruppe träumt von einer Zukunft aus Stahl und Glas, und dieser Traum findet Ausdruck in konstruktivistischen Dekorationen, in «Produktions»-Tänzen, die die Arbeit der Kolben, der Motoren und Räder nachahmen, sowie in den festlichen, in Dur gehaltenen sportlichen Marschrhythmen und Intonationen der Musik von Schostakowitsch. Dies war die Musik der Aktivisten und Rotarmisten.

Die negative Gruppe konzentriert sich im zweiten, zentralen Akt. Und hier hatte Schostakowitsch Gelegenheit, sein musikalisches Können zu demonstrieren! Die satirische Schärfe der Musik zum *Bolzen* beeindruckt hier und da stärker als einzelne Episoden aus der *Nase*. Hysterische Fräuleins, Bürokraten und Pfuscher, Spießbürger und Schädlinge ziehen in bunter Reihe vorbei und geben sich am Ende des Aktes einer zügellosen Orgie hin, die von grotesken Rhythmen und Melodien ausgeprägt kommerzieller Art tobend begleitet wird.

Ebenso wie im *Goldenen Zeitalter* gelang es Schostakowitsch nicht, hier einen einheitlichen sinfonischen Hintergrund zu schaffen. Nicht, daß er dazu nicht imstande
gewesen wäre, sondern, weil das Genre als solches sich
dem widersetzte. Die Uraufführung des *Bolzens* (am
8. April 1931) fiel durch. Die Kritik in der Presse war
vernichtend, obwohl Schostakowitschs Ballett unmittelbar
der Direktive entsprach, die im Wettbewerb für Ballett-
szenarien aufgestellt worden war (eine zeitgenössische
Aufführung zu inszenieren), und nichts anderes sein
konnte.

Im Herbst 1929 komponierte Schostakowitsch, ohne
seine andere Arbeit zu unterbrechen, die *Dritte Sinfonie
«Der Erste Mai»*. Ebenso wie die *Zweite Sinfonie* bestand sie aus einem Satz und enthielt einen Schlußchor
auf Worte von S. Kirsanow, wich aber erheblich von der
allegorisch-abstrakten Thematik der *Zweiten Sinfonie*
und deren trockener, harter Sprache ab, obgleich zwischen der *Dritten* und der *Zweiten Sinfonie* nur zwei
Jahre lagen.

Schostakowitschs Mitarbeit am Theater und beim
Film zeigte ihre Früchte. Die Sinfonie erlangte ausgesprochene Farbigkeit und Anschaulichkeit und erinnert
in bezug auf die Form an kurz auftauchende Bilder
eines Films, in dem ganz verschiedene Ereignisse fest-
gehalten werden: Es ertönt ein Horn, Pioniere schreiten auf der Straße, da ist das Bild eines grünen Mai-
waldes und die aufgeregte Atmosphäre einer illegalen
Maifeier, da reiten Kavalleristen auf ihren Pferden schräg
über die Leinwand und streifen diejenigen Arbeiter, die
nicht schnell genug verschwinden, mit ihren blitzenden
Säbeln...

Die Sinfonie war ganz von der Musik des ersten Fünf-
jahrplanes erfüllt – von der Musik der Pioniere und
der Jugend, die heroisch und fanfarenartig war, sie war

ganz von Liedhaftigkeit durchdrungen. Das Pathos des friedlichen Aufbaus verlieh ihr Festlichkeit und Frische, und der Abschlußchor (obwohl Kirsanows Verse nicht viel anders waren als die von Besymenski) klang feierlich und majestätisch. Die Sinfonie erinnerte eher an ein einsätziges Poem, das mit der Frische und Ungezwungenheit der Jugend von den Menschen seiner Zeit berichtet.

Anfang 1929 klingelte in Schostakowitschs Wohnung erneut das Telefon. Meierhold forderte Schostakowitsch wiederum auf, in seinem Theater mitzuarbeiten – diesmal nicht als Pianist und Leiter der Musikabteilung, sondern als Schöpfer der Musik zum Theaterstück *Die Wanze*. Schostakowitsch nahm den Vorschlag ohne Zögern an: Er freute sich auf die Zusammenarbeit mit Meierhold, aber auch auf die schöpferische Atmosphäre des Theaters und die mögliche nähere Bekanntschaft mit Majakowski.

Für das Theaterstück *Die Wanze* schrieb Schostakowitsch mehr als zwanzig Musiktitel. Für ihn waren diejenigen am interessantesten, die er für Instrumente komponierte, mit denen er bisher noch nichts zu tun hatte: Ziehharmonika und Blasorchester. Die Musik für die drei vorzüglichen Ziehharmonikaspieler des Meierhold-Theaters komponierte er mit großem Vergnügen: Der für den Klangcharakter der Ziehharmonika bestimmte Galopp sollte besonders keck klingen. Die Partitur für Blasorchester entstand auf Grund von Majakowskis Frage bei ihrer ersten Begegnung: «Mögen Sie Feuerwehrorchester?» Schostakowitsch begriff erst später, daß gerade die Musik der Feuerwehrleute (Trompeten, Hörner, Posaunen), die sehr gellend und durchdringend ist, einen würdigen Abschluß des ersten Aufzuges bildet und dem Akt insgesamt einen satirischen Zug verleiht.

Meierhold inszenierte *Die Wanze* zusammen mit Ma-

jakowski, den Kukryniksy[1]) sowie mit Alexander Rod-
tschenko; die Rolle des Prisypkin übernahm Igor Iljinski. Die Premiere des Stückes war ein großer Erfolg.
Schostakowitschs Musik hob die Höhepunkte des Schauspiels hervor und verlieh ihm einen kämpferischen, satirischen Ton. Später stellte die Kritik ausdrücklich völ-
lige Übereinstimmung von Partitur und Dramaturgie
der *Wanze* fest.

«Die sowjetische Oper... wird aus der Musikali-
sierung... des zeitgenössischen Schauspiels entstehen
und nicht auf dem Wege der Evolution aus der alten
Oper... Außerhalb der zeitgenössischen Theaterkunst
ist die sowjetische Oper nicht denkbar.»
*Das Leben der Kunst,* 1929, Nr. 18.

In den Diskussionen um die Probleme der sowjetischen Oper und – umfassender ausgedrückt – um die
Probleme der sowjetischen Musik wurde die ·Forde-
rung immer deutlicher, beim Schauspiel «in die Lehre
zu gehen», das nach der Oktoberrevolution rascher als
alle übrigen Kunstarten neue Themen, eine neue Bildhaftigkeit und neue Ausdrucksmittel gefunden hatte.
Am deutlichsten forderten das Assafjew und Sollertinski – Musiker, denen sich Schostakowitsch besonders
eng verbunden fühlte. Diese 'Hinweise führten dazu,
daß Schostakowitsch im Herbst 1929 zum TRAM (Theater der Arbeiterjugend) ging.

Das Theater der Arbeiterjugend war von Michail Sokolowski gegründet und als völlig aus Laien bestehen-
des Komsomol- und Arbeiterkollektiv konzipiert worden. Die Aufgabe des Theaters sah Sokolowski in der
Propagierung von Theaterstücken mit ausschließlich zeit-

---

1 Pseudonym für das sowjetische Künstlerkollektiv M. W. Kuprijanow, P. N. Krylow und N. A. Sokolow, das seit 1924 gemeinsam wirkte.

genössischer Thematik, in denen Probleme der Arbeit und des Alltags der Jugend, des Kampfes gegen religiöse und bürgerliche Vorurteile und der Unterstützung der Jugendlichen bei der Erziehungsarbeit behandelt werden sollten. Die Aufführungen des TRAM hatten eindeutig agitatorischen Charakter, und der Stil der Inszenierungen begeisterte stets das Publikum.

Schostakowitsch kam in das Kollektiv des TRAM und empfand das als eine Art Werkstatt - hier wurde er aus nächster Nähe mit dem Arbeiterleben, den Arbeiterinteressen und der intensiven Suche der Arbeiter nach einer eigenen Form des Theaters konfrontiert. Er schrieb die Musik zu drei Stücken, von denen jedes eine bestimmte Seite des zeitgenössischen Lebens darstellt: *Der Schuß* von Besymenski - vom Kampf der Arbeiterjugend eines Straßenbahndepots gegen Bürokraten und Schädlinge (eine fast vollständige Kopie des *Bolzens*), *Neuland* von Gorbenko und Lwow - über die sozialistische Kollektivierung auf dem Dorf - und *Regiere! Britannia!* von Piotrowski - über das Leben der ausländischen Arbeiter.

Dem Komponieren für Aufführungen am TRAM - satirische, liedhafte oder Marschmusik - widmete sich Schostakowitsch aufgeschlossen und mit Vergnügen: Der Geist, der die Aufführungen des TRAM beherrschte fesselte ihn. Sehr bald aber stieß er an eine Grenze und wäre dann dazu verurteilt gewesen, eine schablonenhafte, den berüchtigten Filmmusikalben ähnliche Musik zu produzieren. Die vorgegebenen Handlungsabläufe der Stücke zogen unvermeidlich eine gewisse Einschränkung der künstlerischen Denkweise des Komponisten (und wahrscheinlich auch des Regisseurs) nach sich. Ein schematisches Herangehen an die Probleme rief eine schematische Lösung dieser Probleme hervor. Diese Gefahr drohte sowohl der Sprechbühne als auch der Oper und dem Ballett. Als Schostakowitsch im Frühjahr 1931 die Arbeit an der dritten Inszenierung - *Regiere! Britannia!* begann, erkannte er, daß es Gefahren solcher Art bereits in der *Wanze*, dem *Goldenen Zeitalter* und dem *Bolzen* gegeben hatte.

Von Aufführung zu Aufführung empfand Schostakowitsch das Geschraubte und die plakative Begrenztheit der angewandten Musik immer deutlicher; die Schauspielhäuser schickten ihm indes immer mehr Aufträge. Kaum hatte er den *Bolzen* abgeschlossen, da unterschrieb er bereits Verträge für Musik zu vier weiteren Theaterstücken. Außerdem war er laut Vertrag verpflichtet, die Musik für die Estradenaufführung der Revue *Der bedingt Ermordete* für die Leningrader Music-Hall fertig zu komponieren. Diese Aufführung, an der die führenden Kräfte der jungen sowjetischen Estradenkunst mitwirkten, sollte dazu beitragen, die Bevölkerung besser auf die Luftabwehr vorzubereiten. In seinem Stil ähnelte das Stück freilich eher einem geschmacklosen Potpourri, in dem unerwartet ein dressierter Hund sowie über die Bühne tänzelnde Zirkuspferde Träger der Grundidee sind. Schostakowitsch, der längst über alle «Weisheiten» der angewandten Kunst hinaus war, warf mühelos einige Dutzend notwendiger Musiktitel aufs Papier, seine Beziehung zu *dieser* Musik war aber bereits ausgesprochen negativ. Er fühlte sich außerstande, weiterhin eine solche Musik zu schreiben.

## Die zweite Oper

Mitte November 1931 sandte Schostakowitsch der Zeitschrift *Der Arbeiter und das Theater* – jener Zeitschrift, die die Mehrzahl seiner Werke negativ beurteilt hatte – seine «Deklaration der Pflichten eines Komponisten». Er war nicht mehr gewillt, wie bisher fortzufahren, und wollte einen Schlußstrich ziehen.

«Von Anfang 1929 bis Ende 1931 arbeitete ich ausschließlich im musikalischen Kunstgewerbe... Es ist für niemanden ein Geheimnis, daß die Lage an der musikalischen Front am Vorabend des 14. Jahrestages der Oktoberrevolution katastrophal ist... Ich bin fest davon überzeugt, daß gerade durch die allgemeine Flucht der Komponisten zum Theater diese schwierige Lage entstanden ist... Die Musik spielt dort die Rolle eines Akzents ‹der Verzweiflung› oder ‹der Begeisterung›. Es

gibt bestimmte Schablonen in der Musik: der Trommel-
wirbel beim Auftritt eines neuen Helden, der ‹frische›
und ‹energiegeladene› Tanz der positiven Helden, der
‹Foxtrott› für ‹Zersetzung› und ‹frische Musik› für ein
Happy-End. Das ist das Material für das Schaffen
eines Komponisten. Es darf jedoch nicht sein und ist ein
Verbrechen an der sowjetischen Musik, wenn man die
Rolle der Musik auf nackte Anpassung an den Geschmack und die schöpferische Methode des Theaters
reduziert... Dadurch ergibt sich eine wahre Entpersönlichung des Komponisten... Was die sowjetische
Musikbühne betrifft, so können wir hier ganz unmög-
liche Schaffensmethoden sehen *(Roter Mohn, Eis und
Stahl, Der Bolzen, Das goldene Zeitalter)*... Alle diese
Aufführungen entstanden in engem Zusammenhang mit
dem Theater. Das Ergebnis ist jedoch schädlich...

Ich fasse zusammen... Fort mit der Entpersönlichung
des Komponisten!

Schweren Herzens versichere ich dem Wachtangow-
Theater, daß ich die Musik zu *Hamlet* komponieren
werde. Was den *Neger* und *Der Beton wird hart* betrifft,
so werde ich die entsprechenden Verträge in den nächsten Tagen annullieren. Ich kann nicht mehr ‹unpersön-
lich› und schablonenhaft komponieren. Auf diese Weise
bahne ich mir den Weg zu einer großen Sinfonie, die
dem 15. Jahrestag der Oktoberrevolution gewidmet
ist...»

D. Schostakowitsch, *Deklaration der Pflichten eines Komponisten. –* In: *Der Arbeiter und das Theater,* 1931,
Nr. 31.

Zu dem Zeitpunkt, als sich Schostakowitsch entschloß,
die «Deklaration» zu verfassen und seine Leistungen
und Fehlschläge einzuschätzen versuchte, war er 25 Jahre
alt. Die Ergebnisse waren seiner Meinung nach traurig.
Von all dem, was er in den vergangenen Jahren kom-

poniert hatte, akzeptierte er vorbehaltlos nur die *Erste Sinfonie*. Die meisten Stimmen äußerten sich sowohl hinsichtlich seiner *Sonate für Klavier* als auch in bezug auf die *Aphorismen* und die Oper *Die Nase* mit Entrüstung. Auf Ablehnung stießen auch seine *Zweite* und *Dritte Sinfonie*. Beide Ballette waren ebenfalls einstimmig durchgefallen. Seine Filmmusik bahnte sich nur mit Mühe den Weg. Zu guter Letzt kam wegen Schwierigkeiten in der Stromversorgung, genau eine Woche vor der Veröffentlichung der «Deklaration», die Moskauer Erstaufführung der *Goldenen Berge* nicht zustande. Seine Filmmusik gehörte eigentlich gar nicht hierher, doch die lange und bittere Kette seiner Mißerfolge wurde dadurch um noch ein Glied länger. Was sein Mitwirken am Schauspielhaus betraf, das er persönlich für eine zweifelhafte Episode in seiner Biographie hielt, so wurde ihm gerade diese Arbeit als beispielhaft hingestellt, als Anleitung zum Handeln.

«... Nach der *Nase* ist Schostakowitsch der Lösung des Problems der ‹sowjetischen Oper› weitaus näher gekommen, indem er die Musik zu dem *Schuß* komponierte. In diesem Stück sind die musikalischen Formen viel biegsamer, neuer und weitaus stärker auf die Thematik des Werkes abgestimmt, einer Thematik, die zudem sowjetisch und aktuell ist.»
*Der Arbeiter und das Theater*, 1930, Nr. 7.

Spannungen ergaben sich auch in den Beziehungen Schostakowitschs zur RAPM. Seine musikalischen Neuererbestrebungen «paßten nicht» in den Rahmen der deklarativen Vorschriften, stimmten nicht immer mit den Hauptrichtungen der künstlerischen Arbeit der Assoziation überein. Der schmalspurige Entwicklungsweg der «zukunftsträchtigen» Musikgenres fand nicht das Interesse des Komponisten, und Vorwürfe wegen Formalismus ließen ihn aufhorchen, überzeugten ihn jedoch nicht.

Als die Zeitschrift *Der Arbeiter und das Theater* auf die «Deklaration» mit dem offenen Brief von M. Jankowski «Wer ist dagegen – einstimmig!» reagierte, ließ sich Schostakowitsch auf keine Polemik ein. Anschuldigungen wegen ideologischer «Schwankungen», wegen «Verworrenheit der künstlerischen Wege» überhörte er gleichsam. Er gab keine Antwort. Er wollte nicht antworten, weil er sich darüber im klaren war, daß dies nur zur Verschärfung des Konflikts mit der RAPM führen würde. Er wollte arbeiten.

Im März 1932 fand im Wachtangow-Theater die Erstaufführung des *Hamlet* mit der Musik von Schostakowitsch statt. Zum ersten Mal hatte sich der Komponist der klassischen Dramatik zugewandt und zum ersten Mal dem Schaffen des großen englischen Dichters gewidmet – dies war der Beginn von Schostakowitschs Vorliebe für Shakespeare und dessen Werk.

Zur selben Zeit begann er die Arbeit an einer Sinfonie, die er «Von Karl Marx bis zur Gegenwart» nennen wollte und die er in seiner «Deklaration» als «die große Sinfonie, die dem fünfzehnten Jahrestag der Oktoberrevolution gewidmet ist», bezeichnet hatte. Das Werk sollte fünf Sätze enthalten, vorgesehen waren Chor- und Sologesang. Als Textgrundlage der Sinfonie sollten Material aus der Biographie von Karl Marx, Auszüge aus den *Feuerbach-Thesen* und Dokumente zur Geschichte der internationalen revolutionären Arbeiterbewegung dienen. Leider wurde dieses Vorhaben nicht verwirklicht, obwohl der Komponist den ersten Satz abgeschlossen hatte und mit dem Dichter Nikolai Assejew intensiv am Text für die folgenden Sätze arbeitete.

Am 24. April 1932 veröffentlichte das Zentralorgan der sowjetischen Presse, die *Prawda*, den Beschluß des ZK der KPdSU *Über die Reorganisation der literarisch-künstlerischen Organisationen*, der einen wichtigen

Schritt in der Entwicklung der sowjetischen Kunst bezeichnete. Schostakowitsch, der die Notwendigkeit und Aktualität dieser Reorganisation voll erfaßt hatte, charakterisierte den Beschluß als ein historisch wichtiges Dokument. Im späten Frühjahr des gleichen Jahres wurde er eines der ersten Mitglieder des ersten Vorstands des gerade gegründeten sowjetischen Komponistenverbandes.

Zu dem Zeitpunkt, als der Beschluß des ZK der KPdSU veröffentlicht wurde, hatten die schöpferischen Methoden der RAPM ihre Wirksamkeit vollkommen eingebüßt und waren mitunter zur Karikatur ihrer selbst geworden. Die Theorie einer «liedartigen» Massenoper mit monumentalen Chorszenen und hymnenartiger Abschlußapotheose ließ sich nicht rechtfertigen. Die Zeit war reif, für eine bestimmte Periode die Orientierung auf ein kollektives Lebensgefühl aufzugeben, es war an der Zeit, in der sportlich-strammen Masse die Seele jedes einzelnen Menschen zu sehen. Schostakowitsch empfand und erlebte das stärker als viele andere. Und wieder war er einer der ersten in der Hinwendung zum Iyrisch-psychologischen Drama, bei der Suche nach neuen Entwicklungswegen der sowjetischen Oper. Am 17. Dezember 1932 beendete er seine zweijährige Arbeit an der *Lady Macbeth von Mzensk*.

«Das Thema, das Schostakowitsch in der *Nase* und in *Lady Macbeth* außerordentlich kraftvoll und brillant gestaltet hat, ist das Thema der Vergangenheit Rußlands, des Rußlands von Gogol, Suchowo-Kobylin und Saltykow-Stschedrin, des schrecklichen und toten Rußlands der Kanzleistuben, der Polizisten- und Beamtenschnauzen ...

Es ist die Groteske eines Swift, eines Voltaire... eine entlarvende Groteske... Er ist zu großen tragischen Konzeptionen bis zur Darstellung des erbitterten

Kampfes der Weltanschauungen und der Leidenschaften, bis zu tiefgründiger Lyrik vorgedrungen.»
I. Sollertinski. *Der schöpferische Weg von Schostakowitsch.* 1934.

Auf den Stoff war Schostakowitsch fast zufällig gestoßen, als er in einem Buchkiosk eine neue Ausgabe der Novelle von Leskow mit den Illustrationen von Kustodiew entdeckt hatte. Er kannte die Illustrationen seit seiner Jugend. Jetzt, nach dem Tode des Malers, fielen sie ihm wieder ein, und während er die Novelle durchblätterte, drang er erneut in die Welt Leskows, des Meisters der russischen Prosa, ein und begriff plötzlich, daß in dieser kleinen Erzählung ein gewaltiges Thema anklang, das jeden ergreifen mußte: das Thema der allumfassenden Liebe, die den Menschen umwandelt und erhöht.

Das Sujet war gefunden. *Lady Macbeth* ließ ihn tief in die Welt einer neuen Bildlichkeit eintauchen, nahm ihn so gefangen, daß er den Entschluß faßte, in der Folgezeit eine ganze Operntetralogie über die russische Frau zu komponieren.

Schostakowitsch hatte sogleich eine Vorstellung von den handelnden Personen seiner künftigen Oper, und dies noch vor der Zusammenarbeit mit dem Librettisten Alexander Preis. Je weiter die Komposition vorankam, um so offensichtlicher wurde es, daß zwischen der emotionalen Grundstimmung seiner Musik und dem Geist der Novelle Leskows keine Übereinstimmung herrschte. Dem Komponisten, der das Ziel verfolgte, über Greuel und Grausamkeit zu berichten, über unheilvolle Leidenschaft und die alles zerstörende Kraft der Liebe, schien der episch-gehobene Ton Leskows nicht am Platze. Leskows Diktion wurde deshalb verworfen und die Charaktere verändert. «Die Opfer werden zu Henkern, die Mörderin zum Opfer» (Sollertinski). Die Erzählung aus dem russischen Alltagsleben wurde zu einem Drama, denn sie enthielt die für die russische Literatur des XIX. Jahrhunderts typischen tragischen Elemente.

Die handelnden Personen hat Schostakowitsch in wenigen Worten, doch umfassend in seinem Artikel *Meine Auffassung von Lady Macbeth* charakterisiert. Sowohl Katerinas Schwiegervater Boris Timofejewitsch, «ein Großbauer im wahrsten Sinne des Wortes, ein grausamer Mensch, der vor nichts zurückschreckt, wenn es darum geht, seine Ziele zu erreichen», als auch ihr Mann Sinowi Borissowitsch, ein klägliches, zu nichts taugliches Geschöpf, «eine Mißgeburt», und selbst ihr Liebster, Sergej, «der niederträchtigste Verbrecher, den man sich nur vorstellen kann» – sie alle sind weit entfernt von «jeglicher Idylle, satter Gutmütigkeit, patriarchaler Würde, Güte und Standhaftigkeit...» (Sollertinski). Das Hauptaugenmerk des Komponisten galt jedoch der Gestalt der Katerina, die er zu einer wahrhaft tragischen Gestalt werden ließ. Nicht zufällig erklärte Schostakowitsch, daß der eigentliche Konflikt für ihn gerade im Schicksal dieser Frau konzentriert ist. Als Nemirowitsch-Dantschenko die Oper in Moskau inszenierte, hob er das hervor, indem er sie *Katerina Ismailowa* nannte.

In der Behandlung seiner Heldin stützt sich Schostakowitsch unmittelbar auf die humanistischen Traditionen der russischen Kunst, auf Nekrassow und Dostojewski, Tschaikowski und Rimski-Korsakow. Seine Katerina ist eine der ergreifendsten Gestalten nicht nur des russischen, sondern des Theaters allgemein. Sie ist eine jener Frauen, die der namhafte sowjetische Kunstwissenschaftler Nikolai Jakowlewitsch Berkowski so wunderbar und überzeugend beschrieben hat:

«... Es war eindeutig, daß man sie gezwungen hatte, Böses zu tun, und daß sie dieses Böse nicht wollten und nicht im geringsten dazu aufgelegt waren. Das Böse wurde ihnen aufgezwungen, sie wurden darin verstrickt, man nötigte sie, zum Bösen Zuflucht zu nehmen, um sich selbst zu schützen. Sie handelten amoralisch aus Motiven gekränkter Moral. Scham und Verzweiflung trieben sie zu schrecklichen Taten . . .»

N. Berkowski. *Literatur und Theater.* 1969.

Die «Triebkräfte» in der tragischen Geschichte der Kaufmannsfrau Katerina Ismailowa erfaßte der Komponist also sofort. Auf der einen Seite – die Welt des müßigen, provinziellen Alltags, eine käufliche und heuchlerische, grausame und lüsterne Welt. Auf der anderen Seite – Katerina Ismailowa, ganz und gar ein Produkt dieser Welt, eine Frau, die sich aber durch die Kraft ihrer Leidenschaft über diese Welt erhebt und gegen sie aufbegehrt. Die Gegensätze waren damit abgesteckt, und die Musik der Oper bringt sie mit jener Prägnanz und erschöpfenden Fülle zum Vorschein, die nur ein Künstler erreichen kann, der die Gesetze der Operndramaturgie und der sinfonischen Entwicklung vollendet beherrscht. Das, was Schostakowitsch in der Oper *Die Nase* erschlossen hatte – neue Gestaltungsprinzipien im Aufbau der Szenen und neue Ausdrucksmittel –, bestätigte und festigte sich in seiner zweiten Oper – *Lady Macbeth von Mzensk.*

Mit ganzer Schärfe und Macht der Groteske, mit der ganzen Bissigkeit und entlarvenden Kraft eines Pamphlets schildert der Komponist die «sumpfige» Lebensweise der Bewohner des Kreises Mzensk. «Ihre Majestät», die Abgeschmacktheit, feiert in dieser Musik ihr abstoßendes Fest, das «niedere» Genre herrscht uneingeschränkt: vulgäre Melodiefetzen, parodistisch ausgelegte kleine Walzer und Polkas.

Operettenhaft und vulgär sowie zweideutig wird Sergej geschildert, besonders in den Liebesszenen mit Katerina, die selbst von einem starken, echten Gefühl erfaßt ist; zügellos und gemein handelt Boris Timofejewitsch, der in Abwesenheit des Sohnes versucht, bei seiner Schwiegertochter heimlich einzudringen; zügellos und höhnisch verhalten sich Gesinde und Ladenschwengel, die die sich verspätende Köchin verspotten; zügellos handeln auch die Polizisten – die eigentlich Macht und Ordnung vertreten sollen; banale Lieder intoniert sogar der Priester (!), der sich über die Leiche Boris Timofejewitschs beugt, den Katerina vergiftet hat.

Gerade vor diesem Hintergrund wirkt der wahre menschliche Schmerz besonders drückend und besonders eindringlich, und seltsam berührt die Schönheit der leidenschaftlichen Melodien, die der Komponist seiner Heldin in den Mund legt. Nur mit Katerina steht der ausgesprochen lyrische Zug der Oper in Zusammenhang, nur in dieser einen Gestalt liegt ihr lebendiger und eindrucksstarker Humanismus.

«Meiner Oper liegt ein tragischer Aspekt zugrunde. Ich würde sagen, daß man *Lady Macbeth* als tragisch-satirische Oper bezeichnen kann. Obwohl Jekaterina Lwowna die Mörderin ihres Mannes und ihres Schwiegervaters ist, sympathisiere ich mit ihr. Ich habe mich bemüht, ihrer ganzen Umgebung einen düsteren und satirischen Charakter zu verleihen... ich habe mich bemüht, eine Oper zu schaffen, die eine entlarvende Satire ist, die die Masken herunterreißt und die ganze schreckliche Willkür und das höhnische Verhalten despotischer russischer Kaufleute hassen läßt.»

D. Schostakowitsch. *Eine satirische Tragödie.* – In: *Sowjetische Kunst,* 1932, 16. Oktober.

Eine satirische Tragödie. Ein neues Blatt in der Geschichte der sowjetischen Opernkunst, eine neue Entwicklungsetappe im Schaffen Schostakowitschs. Nach der Oper *Die Nase,* in der die Hauptfigur das Lachen ist, in der das Exzentrische und die Buffonade die hauptsächlichen Gestaltungsmittel sind, wandte sich der Komponist dem psychologischen Realismus zu und schuf eine Oper, in der die Verschmelzung ästhetisch gegensätzlicher Elemente eine neue künstlerische Qualität erzeugt. Die Groteske in *Lady Macbeth* ist finster und unheilverkündend; hier findet sich nicht die geringste Spur jener, wenn auch bitteren Komik, welche *Die Nase* kennzeichnet. Demgegenüber verlieh Schostakowitsch den lyrischen Episoden der Oper erstmals ein eindrucksvolles Pathos und gestaltete zum ersten Mal tiefschürfend und ausdrucksvoll den ganzen melodischen Reichtum des russischen Liedmelos.

«Sobald in der grauenvollen, drückenden häuslichen Atmosphäre die leisen, ängstlich verhaltenen ‹Selbstgespräche› Katerina Lwownas hörbar werden, erreicht die Musik ihre Höhepunkte: Menschlichkeit, emotionale Wahrhaftigkeit und Würde des Leids. Katerina Lwownas Monologe sind wahrscheinlich die besten Stellen der Oper...

Katerina Lwownas Gestalt hat der Komponist zweifellos mit großer innerer Anteilnahme geschaffen. Diese Gestalt verleiht Schostakowitschs Musik eine neue wertvolle Qualität, die bei ihm bis dahin so gut wie nicht in Erscheinung getreten ist: Sangbarkeit, melodische Entwicklung, Wärme und gleichzeitig Weiblichkeit und Zärtlichkeit.»
B. Assafjew. *Über Schostakowitschs Schaffen und seine Oper Lady Macbeth.* 1934.

Schon die ersten Takte der Oper sind in einem neuen, für Schostakowitsch ungewöhnlich warmen Ton gehalten: Elegisch melodiös, wenn auch innerlich unruhig, erklingen die Intonationen im einleitenden Monolog der Katerina; fließend entfaltet sich ihr schwermütiges Arioso *An einem Strohhalm hat die Ameise schwer zu tragen.*

Hier, in der gleichsam dahinschwebenden Phrase des Arioso, erfolgt – entsprechend den Gesetzen des klassischen Dramas – der erste Zusammenprall der gegensätzlichen Kräfte («Wird es heute Pilze geben?» erkundigt sich Boris Timofejewitsch in seiner Eigenschaft als Hausherr), und die Handlung, die an Schnelligkeit gewinnt, strebt dem großen Höhepunkt im letzten Bild der Oper zu. Je markanter die Farben der vernichtenden grotesken Entlarvung zutage treten (den Höhepunkt dieser Linie bildet die in ihrem Zynismus auffallende Szene mit Sergej und Sonetka im Finale), desto tiefer und umfassender erscheint Katerinas lyrische Gestalt. Von lustlosem Müßiggang und finsterem Haß («Die wird es geben!» erwidert sie Boris Timofejewitsch klanglos) bis hin zu Zärtlichkeit, Menschlichkeit und schließlich zum qualvollen seelischen Zusammenbruch – so wandelt Schostakowitsch die Gestalt der Katerina. Diese Frau erreicht «einen erschütternden Realismus der Intonationen... und einen tragischen Charakter, der eher an Shakespeare als an Leskow erinnert» (Sollertinski).

Im Finale, wo Katerina, von Schmerz und Verzweiflung erschöpft, leise das Lied «Im Wald, ganz im Dickicht, liegt ein See» anstimmt, steigert sich Schostakowitschs Musik zu einer stark episch geprägten Tonsprache. Dieses Lied gleicht den Gesängen, die die Zwangsarbeiter anstimmten, die mit ihren Ketten auf jener Straße klirrten, die in die Verbannung nach Sibirien führt. So wie die Oper *Die Nase* in ihrer Art an Rimski-Korsakows musikalisches Bühnenwerk *Der goldene Hahn* anknüpft, steht Schostakowitschs zweite Oper unmittelbar in der Tradition der musikalischen Volksdramen Mussorgskis.

Zwei Theater übernahmen die Inszenierung der im Dezember 1932 abgeschlossenen Oper – das Leningrader MALEGOT und das Moskauer Nemirowitsch-Dantschenko-Musiktheater. Beide gingen begeistert an die Arbeit.

Im MALEGOT stellte man *Lady Macbeth* als soziale Satire dar, wobei das groteske Element in Schostakowitschs Musik durch die Inszenierung hervorgehoben wurde. Die Beurteilung der Oper durch die Mitglieder des Ensembles war einstimmig, und Samosud drückte die herrschende Meinung in einem kurzen Satz aus: «Es ist eine Oper, die Epoche macht.» Viele Künstler kämpften um das Recht, an der Aufführung mitzuwirken.

In Moskau stellte man die Oper im Geiste der Schule von Stanislawski als eine realistische Tragödie dar und war deshalb bestrebt, das Groteske zu dämpfen. Nemirowitsch-Dantschenko leitete die Inszenierung. In Musikkreisen verbreiteten sich rasch Informationen über Schostakowitschs neue Oper: Diejenigen, die die Proben miterlebt hatten, beeilten sich, ihre Eindrücke mitzuteilen.

«Nach Ihrer Abreise fand hier ein großes musikalisches Ereignis statt: die Orchesterprobe von Schostakowitschs Oper *Lady Macbeth von Mzensk*. Ich muß gestehen, es war erstaunlich gut, obwohl einige Episoden recht quälend waren. Die Orchestrierung ist ebenfalls außergewöhnlich gut...»
Aus dem Brief von N. Mjaskowski an S. Prokofjew vom 21. Juli 1933.

Die Erstaufführung *der Lady Macbeth von Mzensk* fand in Leningrad am 22. Januar 1934 statt. Der aufsehenerregende Erfolg der Premiere wurde zwei Tage danach, am 24. Januar 1934, durch die Moskauer Aufführung bestätigt.

... Leise raschelnd geht der schwere Samtvorhang auf, und dumpf ertönen Katerinas erste Worte: «Ach welch' Stein liegt mir auf dem Herzen! Zum Sterben.»

Stickig, bedrückend und eng ist die Atmosphäre im Hause der Ismailows und düster klingt die Beichte der Katerina, der «nichts in der Welt recht ist». Nachdem sie ihren verhaßten Mann zur Mühle begleitet hat, schlendert sie niedergeschlagen über den Hof.

In der Folge entwickeln sich die Ereignisse ungemein zügig. Katerinas erste Begegnung mit Sergej, ihr erstes Stelldichein, der Giftmord an dem Schwiegervater, die Ermordung ihres Mannes, die Hochzeitsfeier, die Verhaftung und die letzte Aussprache mit Sergej.

Mit dem sicheren Gespür des reifen Dramatikers und Sinfonikers fügt Schostakowitsch die neun Bilder der Oper zu einem einheitlichen Ganzen zusammen. Er verknüpft sie durch zahlreiche Intonationsfäden, führt die Entwicklung der Handlung in den sinfonischen Zwischenspielen weiter und schafft mit den Mitteln der Orchestrierung spannungsgeladene Kulminationspunkte. Die Oper packt den Hörer ungemein.

«Mit Grischa bin ich zur Aufführung der *Lady Macbeth* von Schostakowitsch gegangen. Der Eindruck ist außerordentlich stark. Eine vorzügliche Inszenierung von Nemirowitsch. Schlicht, ohne Tricks und Durcheinander. Ein wirkliches menschliches Drama. Schostakowitsch ist genial.»

Aus dem Tagebuch von A. Goldenweiser. 1934, 28. Januar.

Beide Erstaufführungen wurden zu einem wahren Fest der sowjetischen Opernkunst, und man beglückwünschte den Komponisten zu seinem künstlerischen Erfolg. Die Presse war voll begeisterter Artikel. Unter den Fachleuten kam es zu lebhaften Diskussionen über die Oper, die man durchweg positiv einschätzte. Sowohl in Leningrad als auch in Moskau wurde *Lady Macbeth von Mzensk* sofort zur erfolgreichsten Oper der Saison.

«Schostakowitschs neue Oper ist unbestritten eines der

bedeutendsten Ereignisse in unserem Musik- und Theaterleben. Im Grunde genommen ist dies das erste große, wirklich hervorragende und von großer Meisterschaft geprägte Werk der Opernkunst in den 16 Jahren seit der Oktoberrevolution.»
*Die sowjetische Kunst*, 1934, 11. Februar.


## Das dritte Ballett

Während der Arbeit an der *Lady Macbeth* hatte Schostakowitsch fast gar keine Konzerte gegeben. Die großen Vorhaben ließen ihm keine Zeit für Klavierabende, für das Einstudieren neuer Werke. Der Hauptgrund lag jedoch darin, daß es für ihn ziemlich kompliziert war, tief in ein «fremdes Werk» einzudringen, da er mit dem eigenen, sein ganzes Wesen in Anspruch nehmenden Schaffen befaßt war. In diesen Jahren trat er nur ganz selten als Pianist auf und komponierte überhaupt keine Klaviermusik.

Nachdem er die Arbeit an der Oper abgeschlossen hatte, wandte sich Schostakowitsch jedoch sofort der Klaviermusik zu und komponierte ziemlich rasch die *Vierundzwanzig Präludien* und – mit besonderem Vergnügen – das *Erste Klavierkonzert*. Es ist möglich, daß ihn die angespannte Tätigkeit der zurückliegenden Jahre ermüdet hatte und er sich nach einer anderen emotionalen Sphäre sehnte. Es ist aber auch denkbar, daß er sich einfach mit einem musikalischen Genre, mit dem er sich bis dahin noch nicht befaßt hatte, auf seine Weise (und wiederum auf neue Art) auseinandersetzen wollte. Wie dem auch sei, es entstand ein von dynamischer Kraft erfülltes Konzert, voller Übermut und sogar Bravour, das Intonationen von Beethoven und Haydn,

Mahler und Weber aufgriff. Es war dies eine spöttische und gutmütige «Herausforderung» an den konservativ-seriösen Charakter des klassischen Konzerts. «Das jetzige Zeitalter und das vergangene» prallen hier aufeinander, und in diesem unerwarteten und demonstrativen Zusammenprall fanden die Kraft, Begabung, Jugend und die reiche Phantasie des Komponisten ihre Bestätigung.

Die Erfahrungen, die Schostakowitsch bei der Komposition von Balletten und in den «angewandten» musikalischen Genres gewonnen hatte, machten sich jetzt bemerkbar: So als ordne sie sich einem unsichtbaren Regisseur unter, so berichtete die durcheinanderwirbelnde und zügig ablaufende Musik des Konzerts mit der Anschaulichkeit von Gestik und Mimik über das Geschehene. Von Thema zu Thema wechselnd bricht die Unterhaltung mitten im Satz ab, vermischt Pathos und Buffonade, wechselt unvermittelt von appellhaften Klängen der Posaune zum poetischen Gestus des Walzers und zum schmachtenden Ton des Foxtrotts. Kecke Galopprhythmen dringen in die Atmosphäre ruhiger Versonnenheit ein. Die Musik ist voll überquellender Lebendigkeit, es sprüht der Humor, ohne den historisch geheiligten Traditionen die Pietät zu versagen.

Nachdem Plakate die Erstaufführung des Konzerts für den 15. Oktober 1933 angekündigt hatten, erschien Schostakowitsch auf dem Konzertpodium und spielte sein neues Werk so ungezwungen und schlicht, so einfallsreich und extravagant wie es komponiert war.

Einen Kontrast zum Konzert bildet die ein Jahr später geschriebene *Sonate für Violoncello und Klavier* — ein strenges, ernstes, ausgesprochen lyrisches Werk. Wiederum wollte er die Erstaufführung nicht «fremden» Händen anvertrauen und spielte die Sonate gemeinsam mit dem Cellisten Viktor Kubatzki.

Im Frühjahr 1935 begab sich Schostakowitsch mit einer Gruppe von Musikern in die Türkei. Die repräsentative Delegation, der Oistrach und Oborin, die Barsowa, die Maksakowa und Pirogow angehörten, sollte das ausländische Publikum mit der sowjetischen Kunst bekanntmachen. Außerdem gewannen die Auftritte der sowjetischen Kulturschaffenden als Boten guten Willens eine große politische Bedeutung: Die internationale Lage war gespannt ...

Bereits bei der Abreise zu den Gastkonzerten wußte Schostakowitsch, daß im MALEGOT sein drittes Ballett – *Der helle Bach* – einstudiert wurde. Fjodor Lopuchow und Adrian Piotrowski arbeiteten am Szenarium, Leiter der Inszenierung war Lopuchow, als Bühnenbildner wurde Michail Bobyschow herangezogen, dirigieren sollte Pawel Feldt, Schostakowitschs enger Freund aus der Zeit des Studiums am Konservatorium und der Tätigkeit im Komponistenzirkel.

Das Jahr 1935 war ein Jahr des großen Aufschwungs. Das Land, das seinen ersten Fünfjahrplan vorfristig erfüllt hatte, arbeitete voller Enthusiasmus an den Plänen für den zweiten. Auf dem Lande vollzog sich der Übergang zur neuen, sozialistischen Produktionsweise. Diese Thematik zu gestalten, erschien dem Künstler in dieser Etappe besonders aktuell und notwendig.

«Wir wollten ein Ballett schaffen, das einem Fest gleichen und das ganz und gar von Frohsinn, Freude und jugendlicher Frische erfüllt sein sollte. Das führte uns in die Kolchosen, in das sozialistische Dorf ... Wir sind nicht der Meinung, daß die Freude an der Arbeit auf der Bühne allein durch die Wiedergabe sogenannter Produktionsbewegungen gezeigt werden kann ... Es stimmt doch, daß ein fröhlicher, festlicher Tanz der Dorfjugend eben dieses Thema der Freude an der sozialistischen Arbeit lebendiger auszudrücken vermag als

die Wiedergabe der Bewegungen von Menschen, die an Dreschmaschinen stehen oder Kombines bedienen...»
F. Lopuchow, Adr. Piotrowski. *Der helle Bach.* 1935.

Die Künstler arbeiteten mit großem Eifer an der Inszenierung. Es war wichtig, möglichst rasch und exakt jenen Weg ausfindig zu machen, der sich ihnen in den vorangegangenen Experimenten immer wieder entzogen hatte. Sie waren bestrebt, eine Aufführung zu bieten, die von falschem Pathos, formaler Dramatisierung und deklarativer Konflikthaftigkeit frei sein sollte. Dabei wollten sie aber unbedingt ein Ballett gestalten, denn sie glaubten im Unterschied zu vielen anderen an die imposante Kraft der «Sprache» des Tanzes und gedachten diesen Glauben dem künftigen Publikum zu vermitteln.

«Die Künstler möchten, daß der Zuschauer den Glauben an die großen Möglichkeiten des sowjetischen Ballettheaters mitnimmt, bei dessen Schaffung *Der helle Bach* einer der ersten, wenn auch möglicherweise naiven und etwas ungeschickten Versuche ist.»
F. Lobuchow, Adr. Piotrowski. *Der helle Bach.* 1935.

Aufgeführt wurde eine Komödie. Das Szenarium schildert die komischen Verwirklichungen in der Familie eines Kolchosagronomen, der sich in eine Balletttänzerin verliebt, die im Kolchos ihre Kunst demonstriert hat. Der Agronom hat keine Ahnung, daß seine Frau, ebenfalls eine ehemalige Balletttänzerin, die Leidenschaft ihres Mannes zur hohen Kunst nicht schlechter als die Ballerina aus der Hauptstadt befriedigen könnte. In den Lauf der Ereignisse werden ein wunderlicher Sommergast und beherzte junge Kolchosbauern einbezogen, und es stellt sich schließlich heraus, daß die auf einer Tournee befindliche Balletttänzerin eine Freundin der Frau des Agronomen ist. Gemeinsam bringen sie den «Pechvogel» wieder auf den rechten Weg. Zum Schluß wird ein festlicher Erntetanz aufgeführt, wobei der Agronom und seine Frau als Solisten auftreten und die Ballettgruppe den Hintergrund bildet.

Das Szenarium war zweifellos alles andere als vollkommen und die Kritik nach der Premiere am 4. April 1935 recht großzügig mit ironischen Bemerkungen. Nicht ohne Grund warf sie der Aufführung einen Revue-Charakter vor, und auch Sollertinski hatte durchaus recht, der «eine lebendige durchgehende Handlung und lebendige handelnde Personen» forderte. Begeistert von den Errungenschaften der sowjetischen Schauspielkunst, der Literatur und der Dichtung, wünschten die Kritiker unverzüglich das gleiche auch vom Ballett, was jedoch infolge der hier wirkenden Schaffensgesetze unmöglich war. Dieses erste Ballett auf ein Thema aus dem Kolchosleben konnte nichts anderes sein als eine ununterbrochene, aus drei Akten bestehende Revue, in der das tänzerische Element aber nichtsdestoweniger Pantomime und gymnastische Übungen verdrängte.

Der Logik des Szenariums entsprechend setzte sich Schostakowitschs Musik aus einer Reihe innerlich geschlossener und selbständiger Episoden zusammen. Für den *Hellen Bach* verwendete er sogar Teile aus der Musik zum *Bolzen* und dem *Goldenen Zeitalter,* ohne auch nur zu versuchen, die einzelnen Nummern durch eine durchgängige dramaturgische Idee zu verbinden. Schostakowitsch wußte sehr wohl um den Revue-Charakter der Aufführung und wollte ihn nicht durch eine unter diesen Umständen fremdartige sinfonische Gestaltung beeinträchtigen. In ihrer Qualität war die Musik schlechter als die seiner ersten Ballette. Ihr fehlte der markant publizistische Charakter des *Bolzens.* Es existierten auch keine besonderen Voraussetzungen für die Entfaltung grotesker und satirischer Elemente. Nichtsdestoweniger hob die Kritik das gesunde und lebensbejahende Moment in Schostakowitschs Musik hervor, ihre Kraft und Dynamik, die die Aufführung mit ihrem deutlich ausgeprägten System von Musiknummern als ein einheitliches Ganzes erscheinen ließ. Die Musik war deshalb lebensfähiger als die seiner ersten Ballettversuche. Kurzum, Schostakowitschs Musik und die glänzende choreographische Gestaltung Lopuchows entschieden den Erfolg des Balletts. Der Zuschauer vergaß die Unzulänglichkeiten des Szenariums und wurde von der Phantasie des Ballettmeisters sowie von der Plastizität und Ausdruckskraft der klassischen Choreographie mitgerissen.

Kurze Zeit später wurde *Der helle Bach* auf der Bühne des GABT in Moskau aufgeführt. Lopuchow war als Ballettmeister verpflichtet, es dirigierte Juri Feier, und die Dekorationen und Kostüme gestaltete Wladimir Dmitrijew. Die Aufführung fand starkes Interesse, obwohl der Revue-Charakter und das Gekünstelte des Sujets in der Moskauer Aufführung noch deutlicher zum Vorschein kamen. Schostakowitschs Musik indes erstrahlte in erneuter Farbenpracht, da Feier es verstanden hatte, ihren Ballettcharakter zu betonen: Sie gewann dadurch an Vollkommenheit und Anmut.

«Schostakowitschs Musik ist im vorliegenden Falle keineswegs im üblichen Sinn des Wortes tänzerisch. Mit außerordentlicher Kraft und außergewöhnlichem Temperament bringt diese Musik Bewegung in die gesamte Aufführung, sie organisiert die Bewegung und verleiht dem Ballett im ganzen einen anregenden, lebensfreudigen Ton, gibt der Aufführung sehr starke Dynamik und echte Fröhlichkeit. In ihrem frischen Klang spricht aus ihr tatsächlich die Gegenwart unseres Landes.»
*Das Moskau der Arbeiter,* 1935, 2. Dezember.

In der komödiantischen (!) Ballettinszenierung eines

Gegenwartsthemas kehrte der klassische Tanz auf die Bühne zurück. Darin hatte die Hauptaufgabe des Komponisten und des Choreographen bestanden und sie war glänzend gelöst worden. *Der helle Bach* konnte sich jedoch nur kurze Zeit auf dem Spielplan halten, wie auch das *Goldene Zeitalter* und der *Bolzen* (unabhängig von den Äußerungen der Kritik) nur kurze Zeit gespielt wurden. In der sich über Jahrzehnte hinziehenden Reihe von Experimenten waren alle drei Ballette von Schostakowitsch nur einige unter vielen, wenn auch erfolgreicher als manche andere. Die Entwicklung der sowjetischen Ballettkunst ging inzwischen mit Riesenschritten voran, und die drei Ballette bildeten auf diesem Wege denkwürdige und lehrreiche Meilensteine.

Zwei Artikel, die Anfang 1936 erschienen, kamen für viele wie ein Blitz aus heiterem Himmel. Als erstes erschien der Artikel *Wirrwarr statt Musik* (27. Januar), der *Lady Macbeth von Mzensk* einer scharfen Kritik unterzog. Dem Komponisten wurden «ausgesprochener Formalismus», «grober Naturalismus» und «melodische Dürftigkeit» vorgeworfen. Zehn Tage später erschien der Artikel *Unaufrichtigkeit im Ballettschaffen,* der sich mit dem *Hellen Bach* auseinandersetzte (6. Februar). Diesmal warf man Schostakowitsch eine «puppenhafte Darstellung» des Lebens und eine formalistische Auffassung der Folklore vor. Sowohl die Oper als auch das Ballett wurden vom Spielplan abgesetzt...

Das Leben bewies recht bald, daß alle Beschuldigungen gegen den Komponisten, dessen Werk in vieler Hinsicht seiner Zeit voraus war, unbegründet waren. Die Jahre vergingen, die komplizierte Entstehungsperiode des sowjetischen Balletts wurde Geschichte, und über die scharfen Auseinandersetzungen wuchs gleichsam das Gras. *Der helle Bach* nimmt nunmehr den ihm gebührenden Platz in dieser Periode ein, und Schostakowitschs

Oper *Lady Macbeth von Mzensk* hat sich auf der Bühne neu durchgesetzt.

Schostakowitsch schuf indes unermüdlich weiter. Fast fertig war er mit der Komposition der neuen *Vierten Sinfonie*, zu der erste Skizzen bereits seit 1934 auf seinem Schreibtisch lagen, und die er als «Credo meiner schöpferischen Arbeit» bezeichnete.

## Die sinfonische Trias

«Lieber Ronja ... Ich bin fast fertig mit meiner Sinfonie. Jetzt orchestriere ich das Finale (den 3. Satz). Wenn ich die Arbeit abgeschlossen habe, komme ich nach Moskau und werde sie Dir und anderen zeigen. Ich bin ziemlich bedrückt. Ich weiß einfach nicht, was ich weiter machen soll. Deshalb ziehe ich den Abschluß der Sinfonie in die Länge.»
Aus dem Brief von D. Schostakowitsch an W. Schebalin vom 17. April 1936.

Im Mai schloß Schostakowitsch die zweijährige Arbeit an seiner *Vierten Sinfonie* schließlich ab und fuhr nach Moskau, um sie seinen besten Freunden vorzuspielen, sich deren Meinung anzuhören und sein Selbstvertrauen wiederzugewinnen. Das Letztere war wahrscheinlich am wichtigsten.

In Moskau wurde die Sinfonie begeistert aufgenommen und – nach Leningrad zurückgekehrt – übergab der Komponist die Partitur Fritz Stiedry – dem Chefdirigenten der Leningrader Philharmoniker. Die Proben begannen. Die Premiere mußte jedoch im letzten Augenblick abgesetzt werden. Durch eine Schicksalsfügung ertönte diese unbekannt gebliebene Sinfonie erst fünfundzwanzig Jahre später – im Dezember 1961.

Im Jahre 1937 beendete Schostakowitsch die *Fünfte Sinfonie* und zwei Jahre später – *die Sechste*. Das Interesse des Komponisten galt nun offensichtlich der «großen Sinfonie», die *Vierte* bildete jene Schwelle, nach deren Überschreiten Schostakowitsch als reifer Sinfoniker zu wirken begann.

Anfang der dreißiger Jahre machte die sowjetische Sinfonik eine Art Wachstumskrise durch. Am deutlichsten zeigte das die 1935 entbrannte Diskussion zu Problemen des sinfonischen Schaffens, die vom Komponistenverband der UdSSR ausging. Diese Fragen waren hochaktuell und verlangten eine unverzügliche, öffentliche Erörterung.

Man diskutierte über Fragen des Inhalts. Es mußte eindeutig entschieden werden, ob die sowjetische Sinfonik das Recht hat, konflikthaft und offensichtlich dramatisch zu sein (und in welchem Maße sie sich dabei auf das Programmatische stützen soll) und ob sie das Recht hat, eine optimistische Tragödie zu sein, freilich ohne leeren Optimismus, ohne Beschönigung und Prunk. Man diskutierte auch über Fragen der Form. Sollertinskis überspitzte Behauptung, daß «die Form der viersätzigen klassischen Sinfonie als *Genre,* als musikalisches Schema, längst zerfallen sei» (*Das Leben der Kunst,* 1929, Nr. 46), markierte einen der extremen Standpunkte: Viele teilten indes diese Auffassung, und die sowjetische Sinfonik wurde vom Fieber des Experiments und der Suche nach neuen Formen ergriffen.

Grundlegende Erfolge hatten die sowjetischen Komponisten auf dem Gebiet der Programm-Sinfonik erzielt. (Schostakowitsch zollte ihr mit seiner *Zweiten* und *Dritten Sinfonie* seinen Tribut.) Nacheinander erschienen die dramatische Sinfonie *Lenin* von Schebalin, *Die Kolchos-Sinfonie* von Mjaskowski, der sinfonische Dithyrambus von Krein *Die UdSSR – Stoßbrigade des*

*Weltproletariats, Turksib* von Steinberg, *Die arktische Sinfonie* von Wassilenko sowie die *Ishorsker Sinfonie* von Stscherbatschow. Die Zeit war reif, die Wirklichkeit und ihre Grundfragen philosophisch zu erfassen, doch die Werke der «reinen», nichtprogrammatischen Sinfonik wollten einfach nicht recht gelingen, verfielen in einen monumentalen und hochtrabenden Ton. Als einer der ersten führte Schostakowitsch die sowjetische Sinfonik aus dieser Krise.

Material hatte er genug zusammengetragen. In allen Bereichen des musikalischen Schaffens – auf dem Gebiet der Film- und Bühnenmusik, der Oper und des Balletts, der Vokal- und Instrumentalmusik hatte er Erfahrungen gesammelt. Er hatte die Versuchung des Programmatischen und der Formspielerei hinter sich, aber auch die Härte und das Plakative der *Zweiten Sinfonie* mit der «Widmung an den Oktober», das Liedhafte der *1. Mai-Sinfonie* sowie auch die Experimente mit dem Wort und der Form, um schließlich dorthin zurückzukehren, wo er mit seiner *Ersten Sinfonie* begonnen hatte – zum mehrsätzigen, rein instrumentalen Werk. Durch seine Erkenntnisse und Erfahrungen bereichert, erreichte Schostakowitsch jetzt eine qualitativ neue Stufe der sinfonischen Denkweise, die sowohl das Erlebte tiefgehend zu erfassen als auch eine gewichtige musikalische Gestaltung allgemeinmenschlicher Themen erlaubte. Das machte eine vielseitige Lösung dieser Themen und eine hohe Stufe an künstlerischer Verallgemeinerung möglich. Schostakowitschs Trias stellte in der sowjetischen Musik das erste klassische Beispiel tragischer und lyrisch-psychologischer Sinfonik dar. Zum Gipfel der Trias wurde seine *Fünfte Sinfonie*.

Zu diesem neuen Typ der Sinfonie gelangte er durch das Theater, durch die Kraft und überzeugende Wirkung der Charaktere seiner Oper *Lady Macbeth von*

*Mzensk,* durch die vielfältigen und umfassenden Verwicklungen des Bühnengeschehens, durch die in der Oper gefundenen Prinzipien der sinfonischen Dramaturgie und durch deren Ausdrucksmittel. Er begann, die Sinfonie als ein *vielschichtiges Geschehen aufzufassen,* in dem die Naturgesetze und die Gesetze menschlichen Lebens gleichermaßen unerbittlich sind, in dem die Wahrheit − und sei sie noch so bitter − nur durch intensiven, kompromißlosen Kampf offenbar wird. Sowohl der Sieg als auch die Niederlage sind möglich. Stets aber, bei den ungeheuersten Katastrophen und selbst in den Abgründen der Verzweiflung, bleibt der Glaube an die letztendliche Schönheit des menschlichen Geistes und der Vernunft. Darin liegt der ausgesprochen humanistische Charakter von Schostakowitschs Kunst, darin zeigt sich das optimistische Prinzip selbst seiner ausgesprochen tragischen Sätze, darin besteht das «Shakespearehafte» bei Schostakowitsch. Das Thema des Werdens der menschlichen Persönlichkeit, ein Thema, das der Komponist selbst festgelegt hatte, kündigte sich machtvoll an und bereicherte Schostakowitschs Schaffen mit publizistischer Aussagekraft und philosophisch-ethischem Pathos. Die Probleme «Mensch und Menschheit» sowie «Mensch und Gegenwart» wurden für ihn von nun an zu Grundproblemen.

Die Beziehungen von Schostakowitschs Kunst zur Kunst von Bach und Beethoven, Tschaikowski und Mahler traten jetzt deutlich zutage. Umfassend und anschaulich zeigten sich die klassischen Wurzeln seines Schaffens − nicht als Nachahmung und Entlehnung, sondern als Bewahrung der hohen humanistischen und ästhetischen Ideale der Vergangenheit, als Umsetzung sämtlicher Erfahrungen des klassischen Erbes in der neuen, gegenwärtigen Etappe.

Auch die Tonsprache des Komponisten wandelte sich.

Schlichter und strenger wurden die Ausdrucksmittel, elastisch und geschmeidig die Melodik, alles Übermäßige, übertrieben Harte verschwand, und ein ideales Gleichgewicht von Verstand und Empfinden, von tiefgründigem, konzentriertem Nachdenken und dramatisch geladener Energie der Empfindungen kristallisierte sich heraus.

Die *Vierte Sinfonie* (ein Wendepunkt in Schostakowitschs Schaffen!) zeichnet sich durch Aufrichtigkeit und Leidenschaft der subjektiven Aussage besonders aus. Nie zuvor zeigt Schostakowitschs sinfonische Musik einen so tragischen Charakter, nie zuvor hat er sich mit solchem Schmerz und solchem Leid geäußert.

Auf der Suche nach Wahrheit sucht der von Widersprüchen zerrissene Mensch verzweifelt nach einer Stütze, stößt aber auf Grausamkeit, Roheit und Vulgarität, weicht entsetzt zurück, stürmt erneut voran und bricht schließlich völlig erschöpft zusammen. Das ist der erste Akt des Dramas. Der zweite bringt keinen Trost. Die zügige motorische Bewegung trübt das Bewußtsein mit trügerischen und sarkastischen Bildern. Den letzten Akt des Geschehens bildet ein Trauermarsch. Die strenge und traurige Prozession zieht sich durch Polka, Walzer, Galopp und Lied wie durch eine Reihe fast irrealer Bilder, um schließlich voll tiefer Trauer die Coda zu erreichen. Ausdruck völliger Erschöpfung, doch keine Demut.

In der Musikwissenschaft gibt es den Begriff «Problem des Finales». Das Finale eines Werkes bildet einen Gradmesser für die Reife und das Können eines Künstlers, für seine Einstellung zu sich selbst und zur Zeit – als Schlußfolgerung, als Bilanz des Erlebten und Gesagten. Das Finale der *Vierten Sinfonie* ist tragisch, seine Tragik ist jedoch erhaben und weise: «Licht ist meine Trauer...»

Mit ihrem lyrisch-tragischen Pathos stellte die *Vierte Sinfonie* für Schostakowitsch nach der *Lady Macbeth* eine gesetzmäßige und natürliche Wende dar. Die offene Expressivität, Impulsivität und nervöse Unruhe dieser Musik bildeten einen originellen Protest, eine eigenständige künstlerische Polemik gegen unpersönliche und plakative Musik. Schostakowitsch bekräftigte hiermit sein Recht, die Sprache der Tragödie zu sprechen, und er bekräftigte dies mit der Aufrichtigkeit und Leidenschaft eines Künstlers, der an der Entwicklung der sowjetischen Kunst zutiefst interessiert war.

Im Jahre 1937 schloß Schostakowitsch die *Fünfte Sinfonie* ab, die zu Recht als erstes Werk der sowjetischen sinfonischen Klassik gilt. Für Schostakowitschs Zeitgenossen, die die *Vierte* noch nicht gehört hatten, erschien die *Fünfte Sinfonie* kurz nach dem Ballett *Der helle Bach*. Und es war bezeichnend, daß Schostakowitsch, als er in der Zeitung seine neue Sinfonie ankündigte, diesen Artikel mit den Worten *Meine schöpferische Antwort* überschrieb.

«... Thema meiner Sinfonie ist *das Werden der Persönlichkeit*. Gerade den *Menschen* mit seinem ganzen Erleben sehe ich im Mittelpunkt der Idee dieses Werkes, das seinem Charakter nach vom Anfang bis zum Schluß lyrisch ist.»

D. Schostakowitsch. *Meine schöpferische Antwort* – In: *Moskau am Abend*, 25. Januar 1938.

Wieder eine Tragödie. Wieder Kampf und Verzweiflung, Verzückung und Entschlossenheit. Doch der Held ist reifer geworden. Strenge geistige Disziplin zügelt die Empfindungen und lenkt sie in eine einzige Richtung. Intensives Nachdenken treibt die Handlung nicht voran. Sobald aber das geistlose Böse in Gestalt eines einförmigen Marsches wie eine stumpfe und blinde Kraft heranrückt, die bereit ist, alles Lebendige und Menschliche hinwegzufegen, stellen sich diesem Bösen Verstand und Empfinden wie eine Wand entgegen, um es abzuwehren.

Die *Fünfte Sinfonie* ist im wahrsten Sinne des Wortes eine klassische. Erstmals nach Schostakowitschs *Erster Sinfonie* stellt sie die traditionelle Reihenfolge der vier Sätze des Zyklus her. Sie läßt die heroische Aktivität der Musik Beethovens und die philosophische Vertieftheit der Musik Bachs wieder aufleben. Sie setzt auf einer neuen Stufe der Kulturgeschichte die klassische Idee «durch Kampf zum Sieg», «durch Dornen zu den Sternen» fort. Sie fesselt durch klassische Vollkommenheit und Präzision aller Linien, aller Formen und aller Proportionen und ragt wie ein graphisch strenger und schlichter Obelisk menschlicher Tapferkeit empor.

Wichtig ist dabei, daß die energiegeladene und bewegte Musik des Finales bis in die letzten Takte hinein danach strebt, in qualvoller Anstrengung des ganzen Klangstroms das endgültige Siegeszeichen zu erreichen, um schließlich in den triumphierenden Schlußklängen der Blechbläser zum Ziel zu gelangen. Das Finale ist keine Lobpreisung des Sieges, sondern stellt dessen *Erringung* dar.

Die Zeitgenossen nahmen Schostakowitschs *Fünfte Sinfonie* mit großer Begeisterung auf.

«Wir haben die *Fünfte Sinfonie* von Schostakowitsch gehört... Ich verstehe Tolstoi, wenn er schreibt, daß der Zuschauerraum diesem unaufhörlichen Ruf entgegenstrebt... Stürmischer Beifall, Hurra-Rufe, begeisterte Stimmen... Die wahre Kunst feiert ihren Sieg, und dieser Sieg ist wie eine Herausforderung an all jene, die dachten, daß Dunajewski nicht zu übertreffen sei, daß Lebedew-Kumatsch der Gipfel der sowjetischen Dichtung und das Lied deren einziges Genre wäre... Da ist er – der funkelnde Stern der sozialistischen Sinfonik – man spürt hier tatsächlich eine neue Qualität, die Welt zu sehen, sie zu hören – gewiß, unsere Demonstrationen, unser Roter Platz, unsere stürmische Freude ... – all das spiegelte sich in der Struktur der Klänge, in dem ungewohnten Donnern der Wellen, in dem Ruf der Posaunen und dem sausenden Flug der Saiten!»

Aus dem Tagebuch von A. Afinogenow. 1938, 29. Januar.

Die Erstaufführung der *Fünften Sinfonie* fand am 21. November 1937 in Leningrad statt. Jewgeni Mrawinski dirigierte. Dies war das erste Zusammenwirken von Schostakowitsch und Mrawinski, das in der Folge zu einem engen künstlerischen Kontakt führte. Mrawinski übernahm später die meisten Erstaufführungen von Schostakowitschs Sinfonien, und der Komponist hatte in ihm einen gleichgesinnten Freund gefunden ...

Ab Herbst 1937 begann Schostakowitsch seine Lehrtätigkeit am Leningrader Konservatorium – zunächst in der Klasse für Instrumentation und etwas später in der Klasse für Komposition.

In seiner pädagogischen Arbeit ließ sich Schostakowitsch von den gleichen Grundsätzen leiten wie in seinem Schaffen: Er war ehrlich, offen und konsequent. Dilettantismus und Oberflächlichkeit konnte er nicht ausstehen, und er bemühte sich, seine Schüler zum exakten Denken sowie zu exakter und gewissenhafter Arbeit zu erziehen. Da er aus der Schule Steinbergs hervorgegangen war, betrachtete er eine gründliche «handwerkliche» Ausbildung als Basis, ohne die die hohe Kunst der Musik nicht denkbar ist. Diesem Ziel widmete er sein ganzes pädagogisches Können und bildete eine große Zahl sowjetischer Komponisten aus, darunter Georgi Swiridow, Kara Karajew, Boris Tschaikowski, Juri Lewitin und Herman Galynin.

«Es ist sehr schwer, über den Pädagogen Schostakowitsch zu schreiben. Er gehört zur Kategorie der – wenn man so sagen darf – ‹unauffälligen› Pädagogen. Keinerlei Dogmen oder schablonenhafte Prinzipien. Kleine Bemerkungen, manchmal bissig, prägnant, manchmal weich, fast unbedeutend. Diese Bemerkungen waren indes so beschaffen, daß sie, wenn der Schüler sie beherzigte, später zu etwas viel Bedeutenderem wurden: Daraus entwickelten sich Prinzipien, Überzeugungen und Geschmack.»

J. Lewitin. *Der Lehrer.* 1976.

1939 wurde Schostakowitsch zum Professor ernannt. Seine pädagogische Tätigkeit am Leningrader wie am Moskauer Konservatorium dauerte – mit kurzen Unterbrechungen – Jahrzehnte. Mit seinen Schülern spielte er häufig vier- und achthändig, analysierte mit ihnen eine große Zahl verschiedenartigster Musikstücke, machte Scherze, führte Beweise, gab sich geschlagen und begann erneut zu streiten, um sein Recht zu behaupten ...

Am 20. November 1938 erschien in der Zeitung *Die sowjetische Kunst* eine kurze Mitteilung unter der Überschrift «Eine Sinfonie zum Gedenken Lenins». Schostakowitsch erläuterte hier den Plan seiner neuen Sinfonie – eines viersätzigen Werkes mit Chor und Sologesang auf Texte von Majakowski, Dshambul und Stalski. Die Arbeit an dem Werk zog sich fast über ein Jahr hin. Die Musikwelt erwartete eine monumentale und heroische Tonsprache, epische Anlage und hymnische Klänge in der Abschlußapotheose. Aber das, was am Abend der Premiere (am 5. November 1939) zu hören war, hatte niemand erwartet. Das Publikum war betreten und verwundert.

Heute läßt sich schwer sagen, was die Vollendung des geplanten Vorhabens verhindert hat. (Wir sagen «Vollendung», weil ein gewisses Material offensichtlich komponiert war und gerade dies Material allem Anschein nach den Trauercharakter des ersten Satzes der *Sechsten Sinfonie* bestimmte). Es ist möglich, daß Schostakowitsch ähnlich wie reichlich zehn Jahre zuvor erneut spürte, daß seine Lebens- und künstlerischen Erfahrungen für die Bewältigung eines so umfassenden Themas noch nicht ausreichten. Möglicherweise brauchte er nach der *Vierten* und *Fünften Sinfonie,* die eine Bilanz der in langen Jahren der schöpferischen Suche gespeicherten Erfahrungen darstellten, auch eine gewisse Periode des Experiments, um das Geschaffene noch einmal zu überdenken und nach neuen Ausdrucksmitteln zu suchen. (Etwas Ähnliches hatte er bereits nach der *Lady Macbeth* empfunden, und so etwas stand ihm für die Zeit nach der *Siebenten* und *Achten Sinfonie* noch bevor.)

Nachdem Schostakowitsch die *Fünfte Sinfonie* abgeschlossen hatte, schrieb er für längere Zeit keine größeren Werke mehr. Das Jahr 1938 stand im Zeichen des Films: Die Arbeit an den Filmen *Wyborg-Seite, Freunde, Der große Bürger* (erster Teil) und *Der Mann mit dem Gewehr* war in vollem Gange. Voll Eifer wandte sich der Komponist dem Film als ausgesprochenem Massengenre zu und komponierte Musik, die ganz vom Geist des revolutionären Liedes, von Märschen und vom rastlosen Lärm der Straßen und Plätze erfüllt war.

Man kann nur mutmaßen, ob all die Filmwerke zufällig oder nicht mit dem Thema Revolution eng verbunden waren. Und obwohl Schostakowitsch sich von der revolutionären Romantik im Film nie längere Zeit gelöst hat (*Maxims Jugend, Freundinnen* – 1935, *Maxims Rückkehr, Wolotschajewer Tage* – 1937), folgten diese Filme gerade zu der Zeit, als er über die *Sechste Sinfonie* nachdachte, offensichtlich einer nach dem anderen.

In dieser Zeit wandte sich Schostakowitsch auch einem Genre zu, das ihn bis dahin überhaupt noch nicht beschäftigt hatte – dem Streichquartett.

«Ein ganzes Jahr nach dem Abschluß der *Fünften Sinfonie* habe ich fast nichts getan. Ich schrieb lediglich ein Quartett, das aus vier kleinen Sätzen besteht. Ich habe es zu schreiben begonnen, ohne daß mich besondere Gedanken und Gefühle bewegt hätten, ich war der Meinung, daß sowieso nichts daraus wird. Das Quartett ist nämlich eines der schwierigsten Musikgenres. Die erste Seite schrieb ich als eine Art Übung in Quartettform, ohne daran zu denken, es irgendwann einmal abzuschließen und herauszugeben. Doch dann riß mich die Arbeit an dem Quartett mit und ich komponierte es außerordentlich rasch. Man soll nicht versuchen, eine besondere Tiefe in diesem meinem ersten Quartett zu entdecken. Der Stimmung nach ist es heiter, lustig und lyrisch. Ich würde es ‹frühlingshaft› nennen.»

D. Schostakowitsch. Aus dem Interview für die Zeitung *Iswestija*, 1938, 29. September.

Unerwartet für Schostakowitsch selbst gab sein erster Versuch auf dem Gebiet des Streichquartetts ziemlich viel her: Er gewann Erfahrung im Umgang mit einer neuen Form und lernte in einer größeren Komposition klug und sparsam mit nur vier Ausführenden auszukommen, ohne dabei einen der Ausführenden im Hintergrund zu lassen. Das Wichtigste aber war, daß sich der Komponist dadurch der Welt der objektiven Lyrik zuwandte, die wegen ihres kammermusikalischen Charakters besonders transparent und klar und dazu beschwingt und lebensfroh ist.

Vier Filmmusiken und ein Streichquartett sind eine recht bescheidene künstlerische Ausbeute für eine so lange Zeit. Im Schaffen Schostakowitschs bezeichneten diese Kompositionen aber insofern den Beginn eines neuen Abschnitts, als die Arbeit an diesen Werken ohne intensive Aneignung des reichen Intonationsfonds der Revolutionsepoche, ohne Aneignung immer prägnanterer musikalischer Ausdrucksmittel und ohne ein Umschalten in den Bereich objektiver lyrischer Emotionen nicht möglich gewesen wäre. Und diese neue Aufgabe bewältigte der Komponist hervorragend.

Schließlich erschien die angekündigte *Sechste Sinfonie*. Dem überraschten Publikum fiel als erstes auf, daß sie weder Chor noch Solisten aufwies. Sie enthielt auch keinerlei Programm, von einer dichterischen Textgrundlage ganz zu schweigen. Von den geplanten vier Sätzen blieben nur drei übrig. Die schlagfertige Kritik nannte die *Sechste Sinfonie* sogleich «eine Sinfonie ohne Kopf», was offensichtlich eine Anspielung auf den fehlenden ersten Satz war – ein einleitendes dynamisches und dramatisches Sonatenallegro. Schostakowitsch schien mit der sinfonischen Form erneut zu experimentieren, die er eben erst in der *Fünften Sinfonie* mit einer solchen Vollkommenheit gestaltet hatte.

In der Bewegungsform einer Trauer zum Ausdruck bringenden Massenprozession erklingt das epische Largo der Sinfonie, in dem Intonationen von Arbeiter- und Revolutionsliedern assoziiert werden. Das Geräusch von Schritten, das Flattern der auf Halbmast gehißten Fahnen, verhaltene Worte, bittere Ausrufe und ein niedergeschlagenes, gramerfülltes Schweigen werden angedeutet. Das Largo erinnert an das Bild einer Trauerfeier (dabei aber eher an eine Filmepisode als ein Bild), bei der jeder seine «Grabrede» hält. Es sind dies die Stimmen *von vielen,* die im Gedenken *an einen* wieder lebendig geworden sind, im Gedenken an einen Künstler – an einen Bürger seines Landes und Chronisten von dessen Geschichte.

Die folgenden Sätze der Sinfonie sind zwei kammermusikalisch profilierte Scherzi. Das erste läuft in einer motorischen, sprühenden, mitunter fast nervösen Bewegung ab. Sein zügiger Ablauf ruft Assoziationen zu dem guten alten Märchen von den allgegenwärtigen Gnomen hervor. Das vor Heiterkeit sprühende Finale (das weder parodistische Elemente noch aufgesetzte Komik aufweist!) gibt die spezifische Atmosphäre der städtischen Musik der dreißiger Jahre wieder – typische Klänge von Unterhaltungsorchestern, schwebende Melodien von Polkas und Walzern sowie friedliche Jugendlieder – und erinnert in manchen Zügen an ein schlichtes Divertimento von Haydn oder Mozart, oder an die frische Anmut der Ländler von Schubert... Das letzte Werk der Trias – ein sinfonisches Scherzo, ein Werk von durchgeistigter Lyrik, das die subjektive emotionale Haltung durch ein verstandesmäßiges Erfassen der Werte des Lebens überwindet – gibt in glänzender Weise auf alle quälenden Fragen der *Vierten Sinfonie* Antwort.

Im Jahre 1940 komponierte Schostakowitsch auf Bitte der Mitglieder des Beethoven-Quartetts ein *Klavierquintett*, das eine Art Fortsetzung der *Sechsten Sinfonie* darstellte und gleichsam deren Bilder in transparent kammermusikalische Klänge übertrug, wodurch diese Bilder noch lebendiger und natürlicher wurden.

«Worin besteht das Neue und die Kraft dieses Werkes? Der Inhalt des *Quintetts* besteht aus einer Reihe lyrischer, menschlich wahrheitsgetreuer Verhaltensweisen, Stimmungen und Bilder. Das Werk ergreift durch seine Tiefe und Größe. Schostakowitsch fand die lyrische Lösung einer sehr wichtigen künstlerischen Aufgabe der Gegenwart: Wahrheitsgetreu, aufrichtig und hinreißend erschloß er den inneren Reichtum einer großen menschlichen Persönlichkeit... Die Kraft der ästhetischen Wirkung und die musikalische Ausdruckskraft des *Quintetts* sind wirklich bedeutend.»
*Prawda* 1940, 25. November.

Das *Quintett* bildete das beste Werk bei der Vierten Dekade der sowjetischen Musik[2] und wurde in der sowjetischen Presse als beste Komposition des Jahres bezeichnet. Als 1941 in der UdSSR erstmals die Verleihung von Staatspreisen stattfand, wurde Schostakowitsch für das *Quintett* mit dem höchsten Preis ausgezeichnet.

Während der Komponist das *Klavierquintett* schrieb, arbeitete er gleichzeitig an einer neuen Fassung von Mussorgskis Oper *Boris Godunow*. Diese Arbeit führte er im Auftrag des GABT der UdSSR aus, das die Neuinszenierung plante.

«Ich verehre Mussorgski und betrachte ihn als einen der größten russischen Komponisten. So tief wie möglich in die eigentliche schöpferische Idee des genialen Komponisten einzudringen, diese Idee zu erschließen und sie den Hörern zu vermitteln – darin bestand meine Aufgabe.»

D. Schostakowitsch. *Partitur der Oper.* – In: *Iswestija*, 1941, 1. Mai.

Später gestand Schostakowitsch, daß die Arbeit an der Oper ziemlich aufwendig war. Er mußte die Autographen und Skizzen Mussorgskis eingehend studieren, unwiederbringlich Verlorengegangenes rekonstruieren und die einzig richtigen Lösungen finden. Dabei konnte er sich mitunter lediglich auf seine eigenen Kenntnisse von Mussorgskis Stil und Musiksprache stützen. Größte Aufmerksamkeit und außerordentliches Feingefühl erforderte außerdem jede Änderung an der ersten Fassung der Oper, die von Rimski-Korsakow, einem anerkannten Meister der Orchestrierung, geschaffen worden war.

Die Instrumentierung von *Boris Godunow* bedeutete

---

2 Gemeint ist eine in der Sowjetunion periodisch stattfindende Veranstaltungsreihe zur Darbietung neuer Musikwerke vor einem breiten Publikum.

für Schostakowitsch das erstmalige Vordringen «bis zum Grund», bis zum Kern des Schaffens von Mussorgski. Im Jahre 1959 schuf er dann eine neue musikalische Fassung der Oper *Chowanschtschina* und weitere drei Jahre später eine Instrumentation von Mussorgskis Vokalzyklus *Lieder und Tänze des Todes*. Diese Arbeit hat sein eigenes Schaffen ungemein bereichert.

# DIE STURMGLOCKE

## Die Leningrader Sinfonie

Der 22. Juni 1941 sah Schostakowitsch in Leningrad. Am selben Tag noch reichte der junge Professor des Leningrader Konservatoriums ein Gesuch ein, in dem er darum bat, als Freiwilliger in die Rote Armee aufgenommen zu werden. Es wurde abgelehnt. Einen Monat später reichte er wiederum ein Gesuch ein mit der Bitte, ihn in die Landwehr einzureihen. Wieder wurde es abgelehnt. Jetzt wurde er zornig und reichte bald darauf ein drittes Gesuch ein – als Antwort kam der Vorschlag, er möge sich evakuieren lassen. Dies wies er jedoch entschieden zurück.

Von den ersten Kriegstagen an wurde Leningrad zum Frontgebiet, in der vordersten Reihe kämpfte die künstlerische Intelligenz der Stadt. Sie setzte ihre Arbeit in den Theatern und Museen, in den Konzertsälen und in den Studios fort, sie tauschte die Zivilkleidung nicht gegen die Armeeuniform, doch schwor sie durch ihre Tätigkeit der Heimat und dem Volk ebenso Treue wie die Armee.

«Die Zeit des Großen Vaterländischen Krieges bewirkte bei unseren Komponisten einen großen patriotischen, ja ich würde sagen: produktiven künstlerischen Aufschwung. Die Komponisten schufen jetzt eine große Zahl von Werken mit patriotischen Themen, mit Themen, die die Liebe zur Heimat und den Haß auf den Feind behandelten. In der ersten Zeit des Großen Vaterländischen Krieges wurden viele Lieder und kleinere Genrestücke geschrieben – Marschlieder, Lieder, von denen manche humoristischen Charakter trugen, und Estradenmusik. Damit reagierten die Komponisten rasch auf aktuelle, alle bewegende Tagesereignisse.»
D. Schostakowitsch, *Die sowjetische Musik während des Krieges.* Aus einem Vortrag auf dem Plenum des Organisationskomitees des Sowjetischen Komponistenverbandes 1944.

Diese «aktuellen, alle bewegenden Tagesereignisse» erforderten die sofortige Umgestaltung der gesamten Kulturarbeit im Lande, und man kann nur staunen, wie rasch die gesamte sowjetische Kunst den jetzt einzig wahren, publizistischen Ton fand.

Am 23. Juni veröffentlichte die *Prawda* Surkows Gedicht *Wir erkämpfen den Sieg,* am 24. Juni erschien in der *Iswestija* von Lebedew-Kumatsch *Der heilige Krieg.* Am Abend des 26. Juni fand die erste Aufführung des Liedes *Der heilige Krieg,* komponiert von Alexander Wassiljewitsch Alexandrow, auf dem Belorussischen Bahnhof in Moskau statt – und dieses Lied begleitete die an die Front fahrenden Truppen. Am 28. Juni erschien in Leningrad die erste Kriegsnummer der illustrierten Zeitschrift des Verbandes der Bildenden Künstler, *Der kämpferische Bleistift*. Im Juli schloß Anna Achmatowa ihr Gedicht *Der Schwur* ab; Simonow, Polewoj und Wischnewski schickten ihre ersten Kriegsberichte von der Front; N. Radlow, Jefimow und die Kukryniksy[3] gaben die ersten Nummern der *TASS-Fenster* heraus und Künstler aller «Genres und Arten» schlossen sich zu Frontbrigaden zusammen, die Konzerte veranstalteten.

In der Leningrader Abteilung des Komponistenverbandes arbeitete aktiv die «Verteidigungssektion», die ihre Hauptaufgabe darin sah, Massenlieder antifaschistischen Inhalts zu schaffen. Schon im Juli wurden auf den Verbandsversammlungen die ersten Lieder begutachtet – Lieder für Plakate, für Flugblätter und Pamphlete –, eilig vervielfältigt und auf den Stellplätzen für die einberufenen Wehrpflichtigen und in Lazaretten verteilt, durch die Konzertbrigaden an die Front gebracht und im Rundfunk gesendet. Unter den dem Komponistenverband vorgelegten Liedern befand sich auch Schostakowitschs Lied *Ein Schwur dem Volkskomitee* (Text von Wissarion Sajanow), das in den ersten Kriegsmonaten bald als eines der besten «Verteidigungs»-Lieder galt.

Schostakowitsch beteiligte sich sehr aktiv an der Arbeit der «Verteidigungssektion» des Komponistenverbandes. Gleichzeitig arbeitete er auch im Redaktionskollegium der Leningrader Abteilung des Staatlichen Musikverlages mit, wohin die Post jeden Tag eine Unmenge von Briefen brachte: Lieder, Verse und wieder Lieder...

Im Juli 1941 ging er ans Leningrader Theater der Volkswehr, das von dem Schauspieler Nikolai Tscher-

---

3 Pseudonym für die drei Maler und Graphiker M. W. Kuprijanow, P. N. Krylow und N. A. Sokolow.

kassow geleitet wurde. Das Theater reiste mit Konzert-
programmen zur kämpfenden Truppe, in Lazarette und
zu Einberufungsstellplätzen. Zu Schostakowitschs Pflichten gehörte die Zusammenstellung von musikalischen
Begleitungen und Bearbeitungen sowie die Begleitung
von Musikstücken.

Der Arbeitstag des Komponisten schloß auch tägliche
militärische Übungen ein, die für alle Mitglieder des
Leningrader Komponistenverbandes verbindlich waren,
sowie Fahrten mit den Professoren und Studenten des
Konservatoriums hinaus zum Bau der Verteidigungs-
anlagen, außerdem Wachdienste bei den Abteilungen
des Städtischen Brandschutzes und der Freiwilligen
Feuerwehr.

Die Lage in der Stadt wurde mit jedem Tag ernster.
Die Frontlinie kam immer näher, und es war bereits
deutlich, daß der Feind die Stadt ringförmig umschließen
würde. Am 18. Juli wurden in dem von Flüchtlingen
aus den Vorstädten überfüllten Leningrad die ersten
Lebensmittelkarten ausgegeben. Eilig evakuierte man
die Ermitage und das Russische Museum sowie die
Schätze von Pawlowsk, Puschkin und Peterhof. Im
August wurde die Evakuierung der kulturellen Einrichtungen angeordnet. Das Opern- und Ballett-Theater
«S. M. Kirow» ging nach Perm, das MALEGOT nach
Orenburg und der Akademische Chor nach Kirow. Am
Monatsende verabschiedete sich Schostakowitsch vom
Konservatorium, das nach Taschkent evakuiert wurde,
und von der Leningrader Philharmonie, die mit einem
der letzten Transporte nach Nowosibirsk reiste. Er
selbst blieb als Vorsitzender der Leningrader Sektion
des Komponistenverbandes in der Stadt; in dieser Funk-
tion wurde er von der Kulturabteilung des Leningrader
Stadtexekutivkomitees bestätigt.

Die Sorgen und Pflichten des Vorsitzenden nahmen

zu. Doch jeden Abend, wie groß seine Müdigkeit auch sein mochte, eilte er nach Hause in die Große Puschkarskaja-Straße, wo ihn das noch unvollendete Manuskript eines neuen Werkes erwartete - die *Siebente Sinfonie*. Er komponierte sehr rasch und bemühte sich, in der Sprache der Musik das auszudrücken, was in der Seele des ganzen Volkes lebte und auch in seiner Seele klang, bemühte sich, es im hehren, strengen Stil eines Fahneneids auszudrücken.

Am 3. September beendete Schostakowitsch den ersten Satz der Sinfonie und am 8. September schloß sich um Leningrad der Ring der Blockade. An diesem Tag wurde Schlüsselburg eingenommen, und die erste Angriffswelle der deutschen Luftwaffe und Artillerie ging auf die Leningrader Straßen nieder. Gegen Abend begannen die Badajew-Speicher zu brennen. Butter, Mehl, Zucker und Grütze verbrannten, und dichter, schwarzer Qualm hing über der Stadt, die die ersten Minuten der Blockade mit dem unruhigen Tacken des Metronoms abzumessen begann. Das Leben in der Stadt ging indes weiter. Am selben Tag, am 8. September, fand in der Leningrader Sektion des Komponistenverbandes die turnusmäßige Sitzung der «Verteidigungssektion» statt und in der Musikalischen Komödie wurde die Operette *Die Fledermaus* gespielt.

«Alarm! Dreimal Alarm! Fünfmal Alarm! Den ganzen Tag heult die Sirene. . .»
Aus dem Tagebuch von Vera Inber, 14. September 1941.

Gegen Monatsmitte wurden die Luftangriffe besonders heftig. Der Herbst war klar und ruhig wie nie zuvor, der Himmel durchsichtig rein, und die Luftangriffe auf Leningrad erfolgten fast pausenlos. Am 14. September fand in der Stadt, die von Explosionen und demKrachen der zusammenstürzenden Gebäude erschüttert wurde, in der Stadt, die im beißenden Qualm der Brände fast erstickte, eine Massenversammlung der Jugend statt, und abends gab Schostakowitsch im Großen Saal der Philharmonie ein Konzert, dessen gesamte Einnahme an den Fonds für Landesverteidigung ging. Zwei Tage später schloß der Komponist den zweiten Satz seiner Sinfonie ab.

«Meine lieben Freunde! Ich spreche von Leningrad aus zu Euch, während direkt vor den Toren der Stadt erbittert gegen den Feind gekämpft wird ... Ich spreche von der Front. Gestern morgen habe ich die Partitur des zweiten Satzes meiner neuen, großen Sinfonie abgeschlossen. Wenn es mir gelingt, dieses Werk gut zu Ende zu führen, wenn ich den dritten und vierten Satz abschließen kann, dann werden wir dieses Werk als *Siebente Sinfonie* bezeichnen dürfen ... Ich erzähle das, damit alle wissen: Die Gefahr, in der Leningrad schwebt, hat dessen pulsierendes Leben nicht zum Schweigen gebracht.»

D. Schostakowitsch. *Leningrad – meine Heimat.* – In: *Die sowjetische Kunst*, 18. September 1941.

Einige Tage später berichtete auch die Zeitung *Leningrader Prawda* von dem neuen Werk des Komponisten, und bald verbreitete sich die Nachricht von Schostakowitschs *Siebenter Sinfonie* in der ganzen Welt. Noch unvollendet und noch nicht öffentlich aufgeführt, wurde die Sinfonie bereits zu einem Symbol der Tapferkeit und Standhaftigkeit des eingeschlossenen Leningrad, wurde zum Symbol des heldenhaften Kampfes im ganzen Land. Schon im Herbst 1941 überschütteten die besten amerikanischen Dirigenten – Ormandy, Stokowski, Kussewizki, Toscanini – die sowjetische Botschaft in New York mit Briefen, in denen sie darum baten, ihnen das Recht der Erstaufführung der *Siebenten Sinfonie* in den USA zu gewähren.

«Wir verließen Kiew... Mich bewegte, daß Schostakowitsch jetzt in der belagerten Stadt unter Bomben-
beschuß seine Sinfonie schreibt. Und was die Hauptsache ist, daß die *Leningrader Prawda* das mitten unter
den Berichten von der Südfront meldet, mitten unter
den Nachrichten über die ‹Aasgeier› und die Flaschen
mit Treibstoff. Das bedeutet, daß die Kunst nicht ge-
storben ist, daß sie lebt, leuchtet und unsere Herzen
erwärmt. Noch hat Mars den Apoll nicht erwürgt.»
Aus dem Tagebuch von Vera Inber, 22. September 1941.

Schostakowitsch setzte seine Arbeit im Komponistenverband und im Verlag fort, leistete zu bestimmten
Stunden seinen Wachdienst als regulärer Kämpfer bei
der Luftabwehr, unterrichtete einige in der Stadt gebliebene Konservatoriumsstudenten, trat bei Konzerten
für den Verteidigungsfonds auf, reiste mit dem Theater
der Volkswehr zweimal in den Frontbereich und schloß
trotzdem am 29. September den dritten Satz seiner Sinfonie ab – das breite, majestätische Adagio. «Ich habe
noch nie so rasch komponiert wie jetzt.» (Schostakowitsch)

Zwölf Kriegstage für ein Musikwerk über den Frieden! Tage, die nach Minuten zählten, Tage unaufhör-
licher, heftiger Bombenangriffe der Hitler-Luftwaffe!
Wie intensiv war die Mobilisierung aller physischen und
schöpferischen Kräfte, wie sicher – die Überzeugung
vom künftigen Sieg! So arbeitete Schostakowitsch, so
arbeiteten die Leningrader, so arbeitete das ganze Land.

«Am 28. September 1941 stand Tschaikowskis *Fünfte
Sinfonie* auf dem Programm... An jenem Tag wurde
elfmal Fliegeralarm gegeben... Kurz vor Beginn des
Konzertes schlug eine Bombe in das Haus Proletkult-
Str. 4 ein, neben dem Gebäude, in dem sich das Lenin-
grader Rundfunkkomitee befand. Ein Flügel wurde in

Mitleidenschaft gezogen und natürlich flogen sämtliche Fensterscheiben heraus. Die Mitarbeiter des Rundfunkkomitees wurden unverzüglich zum Aufräumen geschickt, das Konzert aber begann pünktlich zur festgesetzten Zeit. Zwei Sätze der Sinfonie gingen ruhig vorüber. Zu Anfang des dritten Satzes aber begann der stärkste Angriff der feindlichen Luftwaffe. Die Aufführung verlief unter dem ununterbrochenen Hämmern der Flak, das die Wände erzittern ließ, welche zeitweilig buchstäblich wackelten. Die letzten Takte der *Fünften Sinfonie* verklangen, noch aber kam keine Entwarnung, und die Orchestermitglieder, die zu den Brandschutzeinheiten gehörten, gingen langsam auseinander und an ihre Kampfposten.»

K. Eliasberg. *Das Leningrader Rundfunkkomitee in den Tagen des Großen Vaterländischen Krieges.* 1946.

Anfang Oktober kam Schostakowitsch dem kategorischen Befehl des Kriegskommissariats nach und flog nach Moskau.

Über dem Flughafen der Hauptstadt schwebten träge die Ballons der Fliegerabwehr, und das erste, was er vernahm, als er Moskauer Boden betrat, waren die hellen Stimmen der Flak-Bedienung. Schon war die Frontlinie bei Smolensk durchbrochen, schon näherte sich der Feind Kalinin, und die Stadt schloß die letzten Ringe der Verteidigungslinien. Das Leben in Moskau aber ging seinen Gang. Am 11. Oktober versammelte sich in der Redaktion der Zeitung *Die sowjetische Kunst* eine Gruppe von Moskauer Musikern, um die drei Sätze von Schostakowitschs neuer Sinfonie kennenzulernen.

«Die *Siebente Sinfonie* wird das dramatischste von Schostakowitschs letzten Werken sein. Die Stimme des Komponisten ist fester geworden; die Lyrik philosophischen Nachdenkens hat patriotischem Pathos Platz gemacht und das Persönliche hat sich in Objektives, allgemein Menschliches gewandelt; das Thema des individuellen Helden wurde von Gedanken an das Schicksal des Heimatlandes und des eigenen Volkes verdrängt...

Ein Finale hat die Sinfonie noch nicht.

Doch kann man es in den vom Komponisten geschaffenen drei Sätzen bereits erahnen: Es ist das mit innerer Folgerichtigkeit entstehende Bild des Sieges, das Bild des Triumphes über die düsteren Kräfte des Faschismus.»

*Die sowjetische Kunst,* 16. Oktober 1941.

Das Finale der Sinfonie wurde im Dezember 1941 in Kuibyschew komponiert. Hierher war das Orchester des Bolschoi-Theaters der UdSSR evakuiert worden. Sein künstlerischer Leiter und Chefdirigent, Samuil Samosud, bekam als erster das Reinschriftexemplar von Schostakowitschs neuer Partitur zu Gesicht.

Ursprünglich wollte der Komponist allen Sätzen der Sinfonie kurze programmatische Titel geben: «Krieg», «Erinnerungen», «Heimatliche Weiten» und «Sieg». Er ließ diese Absicht aber bald wieder fallen, wohl weil er die Unvollkommenheit sprachlicher Bezeichnungen erkannte.

«Ich möchte ein Werk schaffen über unsere Zeit, über unser Leben und die Menschen, die zu Helden werden, die kämpfen im Namen unseres Triumphes über den Feind, die sich in Helden verwandeln und siegen werden.»

D. Schostakowitsch. *Die siebente Sinfonie.* – In: *Prawda,* 29. März 1947.

Kaum ein anderes Musikwerk des 20. Jahrhunderts hat solche Aufmerksamkeit und solches Interesse erfahren wie die *Siebente,* die *Leningrader Sinfonie* von Schostakowitsch. Indem sie ein *Dokument der Geschichte des Landes* wurde, fand sie in der ganzen Welt eine bisher noch nie dagewesene gesellschaftliche Resonanz. Die Begriffe Patriotismus, Mut, Heroismus, Kampf und Sieg waren sämtlich konzentriert in den Worten «Die Leningrader Sinfonie». Und wohl nur wenige Musikwerke haben so zahlreiche Artikel, Rezensionen und Kommentare hervorgerufen wie diese Sinfonie.

Sehr groß ist die musikalische Ausdruckskraft des ersten Satzes, der nach dem angestrebten Plan das Material der gesamten Sinfonie in sich aufnehmen sollte. Sehr prägnant und konkret sind seine Grundthemen das ruhig-majestätische, würdevoll sich ausbreitende Thema der Heimat und das betont einförmige, am Schluß der Phrasen jeweils pfeifende Thema der Invasion, das bald an einen schwülstigen Nazimarsch, bald an eine billige Kneipenmelodie erinnert, wie sie zu Hunderten in den Städten und auf den Straßen des «siegestrunkenen» Dritten Reiches ertönten. Einerseits empfindet man die epische Macht und den pulsierenden Orchesterklang der «warmen» Klangfarben der Streicher und der «mannhaften» Stimmen der Blechinstrumente sowie das weite, durch nichts beengte Atmen der Motive, die auf liedhaften Intonationen basieren. Andererseits fällt die unnatürliche, lebensfremde Zusammenstellung von Flöte, Piccoloflöte und kleiner Trommel und der seelenlose Automatismus einer endlos wiederholten kurzen rhythmischen Replik auf, die den Wirbel eines Militärsignals nachahmt. Ungeheuerlich sind die Ereignisse der sich vor den Zuhörern abspielenden Tragödie. Ungeheuerlich und furchtbar ist die Kraft, die plötzlich aus der anscheinend harmlosen Schlagermelodie in der berühmten «Episode der Invasion» erwächst. Mit den Mitteln der Musik - und nur denen der Musik! - spricht Schostakowitsch, der Bürger und Künstler seines Landes, vom Faschismus. Er spricht leidenschaftlich, zornig und schmerzerfüllt... Und gramvoll klingt dann der stille Monolog des Fagotts – «ein Trauermarsch oder, genauer gesagt, ein Requiem für die Opfer des Krieges» (Schostakowitsch).

Der zweite Satz der Sinfonie wirkt wie ein von einem elegischen Dunstschleier bedecktes Bild der friedlichen Vergangenheit des Landes. Aus dem dritten Satz spricht ruhiges, von hehrem Pathos erfülltes Nachdenken, und das Finale läßt – durch Kampf, Tod und Leiden hindurch – das Anfangsthema des ersten Satzes wiedererstehen, das Thema der Heimat, und dieses Thema prophezeit in den letzten Takten der Sinfonie den künftigen Sieg.

Schostakowitsch reagierte als erster sowjetischer Künstler auf die Gegenwartsereignisse in einer Kunstgattung, die eigentlich von jeher für ihre philosophische Interpretation eine zeitliche Distanz erforderte. Das war gerade die Sinfonie, weil sie von tiefer historischer Wahrheit und hoher künstlerischer Verallgemeinerung sein mußte, und was für eine mächtige Kraft spürt man in der *Siebenten Sinfonie,* welchen Elan, welche Leidenschaftlichkeit und welches Können!

Die Erstaufführung von Schostakowitschs *Siebenter Sinfonie* fand am 5. März 1942 in Kuibyschew statt. Vorgetragen wurde das Werk vom Orchester des Bolschoi-Theaters der UdSSR unter dem Dirigenten Samosud – für die Proben blieb nur sehr wenig Zeit. Der bei einer Orchesterprobe anwesende Kriegsberichterstatter der *Prawda,* Alexej Tolstoi, sandte einen begeisterten Artikel an seine Zeitung, und dieser Artikel wurde damals so aufgenommen wie eine Reportage vom Frontgeschehen.

«Die *Siebente Sinfonie* entstand aus dem Gewissen des russischen Volkes, das ohne Zögern den Todeskampf gegen die schwarzen Mächte aufgenommen hat. In Leningrad geschrieben, wuchs sie in die Dimension großer weltweiter Kunst empor, die auf allen Breitengraden und Meridianen verstanden wird, weil sie über den Menschen, der von Katastrophen und Prüfungen heimgesucht wird, die Wahrheit sagt. Die Sinfonie ist trotz ihrer immensen Kompliziertheit klar, sie ist sowohl streng als auch männlich-lyrisch, und alles deutet in die Zukunft, die sich hinter dem Siege der Menschen über das Tier auftut ... Die Rote Armee schuf die strenge Sinfonie des weltweiten Sieges, Schostakowitsch schmiegte sein Ohr an das Herz der Heimat und spielte das Lied des Triumphes.»

*Prawda*, 16. Februar 1942.

Nach der triumphalen Erstaufführung in Kuibyschew erklang die Sinfonie am 29. März in Moskau. Am 1. Juni landete ein Flugzeug mit der Mikrofilm-Partitur in New York. Am 22. Juni, ein Jahr nach Ausbruch des Krieges, erklang sie in London unter der Leitung von Henry Wood, und für den 19. Juli wurde die New-Yorker Erstaufführung unter der Leitung von Toscanini angesetzt.

Die erste Aufführung der Sinfonie wurde auch für Nowosibirsk vorbereitet, wo das evakuierte Leningrader Philharmonische Orchester wirkte. Aus der Partitur, die mit dem Flugzeug gebracht worden war, schrieben sich die Orchestermitglieder in wenigen Tagen die Stimmen heraus. Es begannen intensive Proben, die mit Schostakowitschs Ankunft noch konzentrierter und begeisterter wurden. Die Erstaufführung der Sinfonie wurde für den 15. Juli angesetzt. Sowohl das Orchester als auch der Dirigent Mrawinski betrachteten die Aufführung als eine vor ihrer Heimatstadt zu erfüllende Pflicht.

«Ich bin sehr froh darüber, daß die Künstler dieses erstklassigen Orchesters jetzt meine *Siebente Sinfonie* proben. Schon die ersten, vom Orchester und Dirigenten mit ungewöhnlichem schöpferischem Enthusiasmus durchgeführten Proben haben gezeigt, daß meine Sinfonie hervorragend aufgeführt werden wird. Mit Ungeduld erwarte ich den Tag der Aufführung.»

D. Schostakowitsch. *Am Vorabend der Aufführung der Siebenten Sinfonie.* – In: *Das sowjetische Sibirien,* 4. Juli 1942.

Erste Aufführungen der Sinfonie fanden auch in Jerewan und Taschkent statt. In der mittelasiatischen, von der Front weit entfernten Stadt füllten die Professoren und Studenten des evakuierten Leningrader Konservatoriums den Saal; stehend lauschte man dem Werk.

In Leningrad wurde die Erstaufführung der *Siebenten Sinfonie* auf den 9. August 1942 angesetzt, den Tag, den die Faschisten für ihren Einmarsch in die Stadt vorgesehen hatten. Die Partitur – vier umfangreiche Hefte in festem Einband – war schon im Mai nach Leningrad eingeflogen worden, doch schien es anfangs unmöglich, sie hier zu spielen: Nicht einmal die Hälfte der laut Partitur erforderlichen Orchestermitglieder war vorhanden. Hier kamen nun der Stadt – dem Helden der Sinfonie – die Militärorchester zu Hilfe, die ihre besten Musiker unter die Leitung des Dirigenten Karl Iljitsch Eliasberg stellten. Jede Probe wurde zu einer beispiellosen Heldentat der entkräfteten, von Hunger und Müdigkeit geschwächten Menschen. Ihr Enthusiasmus war jedoch so grenzenlos wie der Mut derjenigen, die dann am 9. August den Saal der Leningrader Philharmonie füllten.

«Die Menschen werden kommen, um seine Musik zu hören. Sie werden sich langsam, doch beharrlich durch die Stadt bewegen, mühsam die geschwollenen Füße setzend und einander stützend ... Sie werden oft stehenbleiben, um sich kurz auszuruhen, und für viele wird der Weg mehrere Stunden dauern. Doch sie werden kommen! Sie werden kommen, um in der *Siebenten* einen zweiten Atem zu finden und die unerschütterliche Gewißheit, daß am Ende das Gute die Mächte des Bösen besiegt.»

L. Arnschtam. *Die Musik des Heroischen.* 1977.

1942 erhielt Schostakowitsch für die *Siebente Sinfonie* den Staatspreis der UdSSR, außerdem wurde ihm der Titel eines Verdienten Künstlers der RSFSR verliehen. 1943 wählte ihn das Amerikanische Institut für Kunst und Literatur zu seinem Ehrenmitglied. Das war der Beginn weltweiter Anerkennung und weltweiten Ruhmes für Schostakowitschs Schaffen.

# Epischer Gesang

Im Oktober 1942 starb in Taschkent Leonid Wladimirowitsch Nikolajew. Schostakowitsch widmete dem Gedenken Nikolajews ein leidererfülltes Requiem - die *Zweite Klaviersonate,* d. h. eine Sonate für jenes Instrument, das beide so eng verbunden hatte. Der letzte Abschied von seinem Lehrer erfolgt in dem eindringlichen Finale, das in Form eines Themas mit Variationen komponiert ist. Nikolajew hatte diese Musikform besonders geliebt.

Es kam das zweite und schwerste Jahr des Krieges. Der schreckliche Alltag zermürbte, jede Stunde legte sich wie ein Stein auf die Menschen und verbitterte sie. Von der Front kamen traurige Nachrichten: Freunde, Kollegen, nahestehende Menschen und Schüler waren gefallen. Und gerade jetzt spürte man eine besondere Neigung zu einfachen, ganz schlichten seelischen Regungen.

...Eine kleine Sammlung englischer Lyrik fiel Schostakowitsch in die Hände. Die anspruchslose und mit

Worten sparsame Poesie atmete die Atmosphäre der Lautenmusik Altenglands, den arglosen Zauber der Dudelsackklänge und die Rhythmen schottischer Märsche. Schostakowitsch komponierte *Sechs Romanzen* auf Gedichte von Walter Raleigh, Robert Burns und William Shakespeare. Die ruhigen, schlichten Intonationen der menschlichen Stimme – welches Instrument könnte wohl feinfühlender, intimer und lebendiger sein?

In den sechs kleinen Vokalstücken hat Schostakowitsch eine schlichte, aufgeschlossene und aufrichtige Welt zum Leben erweckt. In ihr bestickt sowohl der freiheitsliebende Geist der alten Balladen über Robin Hood und seine Anhänger als auch eine bescheidene, anspruchslose Lyrik, bezaubert sowohl die philosophische Vertiefung eines Weisen als auch verschmitzter, kindlicher Humor. Waren das scheinbar gegenwartsferne Bilder? Gewissermaßen ein lyrisches Intermezzo? Tiefgründig und vieldeutig war indes der hinter dem Text stehende Sinn der Romanzen, die ein vielseitiges erhabenes Bild des Menschen entwerfen, jenes Menschen, der allzeit nach Gerechtigkeit und Liebe strebt und allzeit sich mutig dem Bösen widersetzt.

Im Herbst 1943 nahm der Komponist, der nun in Moskau lebte, seine Unterrichtstätigkeit wieder auf, wobei er auf Einladung des Direktors Wissarion Schebalin ans Moskauer Konservatorium ging. Gleichzeitig intensivierte er seine Tätigkeit als reproduzierender Künstler. Besonders häufig konzertierte er im Zentralhaus der Kunstschaffenden, das in den Kriegsjahren zum ständigen und wohl einzigen Treffpunkt der künstlerischen Intelligenz der Stadt wurde.

Von der Moshajsker Chaussee, wo Schostakowitsch wohnte, fuhr er in diesem Herbst fast täglich ins Stadtzentrum. Neben den Unterrichtsstunden mit den Konservatoriumsschülern und seinen Auftritten bei Konzerten in Moskau leistete der Komponist auch gesellschaftliche Arbeit im Organisationskomitee des Sowjetischen Komponistenverbandes. Außerdem war seine Anwesenheit im Großen Saal des Moskauer Konservatoriums erforderlich, wo Jewgeni Mrawinski und das Staatliche Sinfonieorchester der UdSSR die Proben zur *Achten Sinfonie* begonnen hatten.

«Drittens – die Generalprobe der *Achten Sinfonie* von Schostakowitsch. Er begrüßt viele Bekannte im Foyer. Rasch kommt er zu mir und drückt mir energisch die Hand – energisch, doch auch ziemlich abwesend. Man versteht es nicht: Ist er nun immer aufgeregt oder immer ruhig? Äußerlich ist er allerdings immer derselbe Junge, der strenge, etwas finster und verwirrt dreinschauende Junge. Er ist ganz reizend. Es ist etwas von einem Marsbewohner an ihm, wie ich mir einen solchen als Kind vorstellte... Über die Sinfonie kann ich jetzt noch nichts sagen... Mir scheint, daß dieses Werk von großer Kraft ist...»
Aus dem Tagebuch von W. Gussew, 8. November 1943.

Schostakowitsch hatte die Sinfonie im Sommer geschrieben, als er, zum erstenmal während des ganzen Krieges, zur Erholung nach Iwanowo, in das Komponistenheim, gefahren war. Eine große steinerne Villa, die einst ein dortiger Gutsbesitzer erbaut hatte, stand am Ufer eines kleinen Baches, der sich im nebligen Waldgürtel verlor. Die Villa war mit der Zeit in den Besitz eines großen Sowchos übergegangen und später – als Geschenk der sowjetischen Regierung – dem Komponistenverband übergeben worden. Ringsum entstanden kleine Einfamilien-Landhäuser, in den Zimmern tauchten Instrumente auf, und im Nachbardorf wurden für die Komponisten zusätzliche Arbeitshäuschen errichtet. Das Milieu in Iwanowo war gemütlich und entbehrte nicht einmal, wie man sich nach dem Kriege erinnerte, eines gewissen Komforts.

Im Komponistenheim arbeiteten alle viel: Chatschaturjan und Glier, Schaporin und Muradeli, Kabalewski und Schostakowitsch. Die Spannung der Kriegsjahre war ständig zu spüren. Und in der Stille des weit von der Front gelegenen Fleckchens trat die Schönheit und Erhabenheit der einfachen russischen Natur besonders sinnfällig in Erscheinung, waren die Gedanken an den fortdauernden Krieg besonders eindringlich und schmerzhaft.

Vierzig Tage brauchte Schostakowitsch, um die *Achte Sinfonie* niederzuschreiben, vierzig Tage, um der Menschheit noch einmal von der schrecklichen Tragödie zu berichten. Die erhaltenen Autographe zeigen, wie rasch die Hand des Komponisten über das Papier flog, wie achtlos und eilig unnötige Zeilen durchgestrichen wurden, wie heftig er Skizzenblätter zerriß und wie qualvoll die musikalischen Hauptthemen der *Achten Sinfonie* entstanden.

Schostakowitsch bewertete und hörte die Gegenwart jetzt «von innen heraus», er zeigte eine Welt, wie sie ein Mensch sieht und empfindet, der in die von Feuer und Eisen berstende Kriegswirklichkeit gestellt ist. Das war keine Chronik, kein Panorama der Ereignisse, sondern ein Bild vom geistigen Leben des Volkes, das diese Ereignisse durchlebt.

Wieder, wie in der *Vierten Sinfonie*, trat das lyrischtragische Element in Schostakowitschs Musik deutlich hervor. Er war auf romantische Weise offen und ungestüm, er war aufrichtig, expressiv und unmittelbar in allen Äußerungen seiner Künstlerseele. Und wieder verteidigte er sein Recht auf die Tragödie, deren Optimismus in Streit und Kampf entsteht, wo den Menschen Reife, Mut und Wille anspornen.

«Während des Krieges habe ich zwei Sinfonien und eine Reihe von Kammermusikwerken geschrieben ... Ich wollte in künstlerisch-bildhafter Form ein Bild vom seelischen Leben eines Menschen schaffen, den der gigantische Hammer des Krieges betäubt hat ... Oft verband ich sein individuelles Schicksal mit dem Schicksal der Volksmassen, und sie schritten nun gemeinsam dahin, von Zorn, Schmerz oder Jubel ergriffen ... Dieser Mensch ... geht durch qualvolle Prüfungen und Katastrophen bis zum Sieg. Vielmals stürzt er, immer wieder steht er auf ... Sein Weg ist nicht mit Rosen besät und ihn begleiten keine fröhlichen Trommler.»
D. Schostakowitsch. *Unsere Arbeit in den Jahren des Vaterländischen Krieges.* 1946.

Alle fünf Sätze der Sinfonie sind dem Leiden und Ringen der menschlichen Seele in der schweren Zeit ihrer Prüfung gewidmet. Man muß hindurch durch die zornigen Schreie, den Kampf und den Schmerz des ersten Satzes, hindurch durch die Schrecken der «psychologischen» Marsch-Attacke des zweiten und dritten Satzes, man muß den Tod erleben, wenn man den Gefallenen im vierten Satz das Requiem singt, man muß erneut durch viele Etappen ungestümen Kampfes im Finale hindurch, um es endlich in der Coda zu erblicken: das zaghafte und vorläufig noch schwach schimmernde Licht – das Licht der Hoffnung, der Liebe und des Sieges.

«Diese Musik erschüttert, macht einen starken Eindruck, besiegt plötzlich durch ein einziges, im Flüsterton gesprochenes Wort und läßt träumen ... Donnergrollen, unterbrochen von den Tänzen der Toten und den Liedern der Lebenden. Eine Ruhepause am Rande eines Vulkans, sanfte Worte unterm Donnern der Panzer, Zukunftsträume inmitten sausender Geschosse. Und am Ende gehören sowohl dem zarten Lied als auch der Zukunft das letzte Wort.

Diese Musik strahlt einen begreiflichen Optimismus aus. Den Optimismus des Jahres 1943... So enthüllt sich das Werk in seinem Finale, enthüllt sich - wie Aristoteles das gefordert hat - in der Katharsis, die durch die Läuterung der Leidenschaften entsteht.»
*Literatur und Kunst,* 7. November 1943.

Die erste Aufführung der Sinfonie fand unter der Leitung von Mrawinski am 4. November 1943 in Moskau statt. Die Kritik war nicht einhellig. Einige beklagten das Fehlen eines glanzvollen Finales und die, wie sie es nannten, Kultivierung der Bilder vom Bösen und vom Leiden. Dem Komponist wurde sogar eine gewisse psychische Labilität vorgeworfen. Übrigens hat die Zeit später alles ins rechte Licht gerückt und Schostakowitschs *Achte Sinfonie* wurde eines der bedeutendsten künstlerischen Denkmäler für die Tapferkeit des Volkes im Vaterländischen Krieg, das die Kunst der Welt aufzuweisen hatte.

Am 5. und 6. Februar 1944 fanden die ersten Aufführungen der *Achten Sinfonie* in Nowosibirsk statt. Einleitende Worte zu den Konzerten - wie stets prägnante und bildhafte, von großem Verständnis für die Dramaturgie und Idee des Werkes getragene Ausführungen - sprach Sollertinski. Diese Ausführungen sollten die letzten des namhaften sowjetischen Musikwissenschaftlers und Kritikers sein, der in der Nacht vom 10. zum 11. Februar starb und dessen Todesursache ungeklärt blieb.

«Lieber Isaak Dawydowitsch. Mein allertiefstes Beileid anläßlich des Ablebens unseres teuren Freundes Iwan Iwanowitsch Sollertinski... Es gibt keine Worte, um das Leid auszudrücken, das mein ganzes Wesen erfaßt hat. Möge unsere Liebe zu ihm und unser Glaube an seine geniale Begabung und an seine phänomenale Liebe zu der Kunst, der er sein Leben widmete - der Musik -, sein Andenken verewigen. Iwan Iwanowitsch ist nicht mehr. Es ist sehr schwer, damit fertigzuwerden . . .»

Aus einem Brief D. Schostakowitschs an I. Glikman vom 13. Februar 1944.

Einige Tage später begann Schostakowitsch ein *Trio für Violine, Cello und Klavier* zu schreiben, das dem Gedenken Sollertinskis gewidmet ist – eine erregte und leidenschaftliche Musik, voller Leid und tragischer Gedanken. Die erste Aufführung des Trios fand in Leningrad statt, in der Stadt, in der Schostakowitsch und Sollertinski 1926 Freundschaft geschlossen und den größten Teil ihres Lebens verbracht hatten.

## Die dem Kriegsende gewidmete Sinfonie

In den Kriegsjahren war Schostakowitschs Konzerttätigkeit sehr eng an den Moskauer Rundfunk gebunden: Er wirkte als Solist und konzertierte zusammen mit Kammermusikvereinigungen, besonders häufig mit dem Staatlichen Beethoven-Quartett. Die Aufnahmen erfolgten nachts in den Studios. Mitunter mußten drei, vier Sendungen auf einmal aufgenommen werden. Im Moskauer Rundfunkkomitee erinnert man sich noch heute daran, wie ruhig und frisch er stets war – weder eine Spur von Müdigkeit noch ein Schatten von Verzagtheit oder Gleichgültigkeit lagen je auf seinem Gesicht. Wenn seine Musikerkollegen schon vollkommen erschöpft waren, dann munterte Schostakowitsch sie mit Scherzen auf, und die Arbeit konnte mit neuer Energie fortgesetzt werden. (Gleich nach dem Krieg, im Jahre 1946, schrieb er sein *Drittes Streichquartett*, voll Erinnerungen an die durchgemachte schwere Zeit, und widmete es den «Beethovenianern» – zum Gedenken an die gemeinsame Arbeit in den Kriegsjahren.)

Für die Hörer im Ausland wurden Sendungen mit Werken russischer und sowjetischer Klassiker vorbereitet. Auch Schostakowitschs Quartett wurde gespielt. Das war ebenfalls symbolisch. Eine Musik, in der Ruhe, Frieden und seelische Harmonie herrschten, ging in den von den bösen, alarmierenden Stimmen des Krieges erfüllten Äther hinaus und bahnte den Weg zu den lichten Hoffnungen und Träumen der Menschheit. Diese Musik sprach vom Mut, vom Heroismus und Willen der sowjetischen Menschen.

Nach der Zerschlagung der Leningrader Blockade fuhr Schostakowitsch wieder in seine Heimatstadt, um wie früher im Großen Saal der Leningrader Philharmonie zu konzertieren. Eines der ersten von ihm vorgetragenen Werke war das dem Gedenken Sollertinskis gewidmete Trio, das er zusammen mit den «Beethovenianern» D. Zyganow und S. Schirinski spielte. In der Pause, kaum daß Zyganow in die Künstlergarderobe getreten war, stürzte Schostakowitsch, in dessen Augen Tränen standen, schon auf ihn zu und sagte: «Ich sehe viele Leute auf ihren angestammten Plätzen!» Die schöne Tradition der Leningrader Musikfreunde – im Saal der Philharmonie einen Stammplatz zu besitzen – existierte also weiter. Auch darin bekundete sich die Standhaftigkeit des Geistes der Verteidiger der Stadt und die Anerkennung des ewigen Wertes der Welt der Kunst ...

... Der Krieg ging zu Ende. Man merkte das an den frohen Gesichtern der Ankommenden bzw. der sie Empfangenden auf den Bahnhöfen, an der Sorgfalt, mit der die Städte wiederaufgebaut wurden, an der besonderen Intonation der Rundfunksprecher, die die Berichte des Sowjetischen Informationsbüros ansagten, und an dem immer häufigeren Salutschießen zu Ehren neuer Siege der Roten Armee.

Schostakowitsch arbeitete jetzt an der *Neunten Sinfonie*. In Fachkreisen sprach man davon, daß dies eine große Komposition mit Chor und Solisten werden würde. Man erwartete eine majestätische, den Mut und Heroismus des Siegervolkes feiernde Sinfonie. Ein solches Werk sollte die Trias der Kriegssinfonien Schostakowitschs würdig abschließen. Die *Leningrader Sinfonie* war dann eine harte Chronik des Krieges, die *Achte* ein trauererfüllter Klagegesang und die *Neunte* der Triumph des Sieges.

Was heroische Fanfarenklänge betrifft, so experimentierten viele sowjetische Komponisten auf diesem Gebiet. Sie suchten besondere Intonationen – feierlich-gehobene und marschmäßige; sie suchten besondere Orchestrierungsmittel – unter Benutzung von Glocken, von hellen Fanfaren und imposanten Schlaginstrumenten; sie suchten dem Charakter der Musik entsprechende Genres – Kantaten, Sinfonien, Ouvertüren, Oden und vokalsinfonische Werke. «Dem Sieg des Sowjetvolkes über den Faschismus» widmete Wano Muradeli seine *Zweite Sinfonie*, und Prokofjew plante eine *Ode auf die Beendigung des Krieges* für 8 Harfen, 4 Klaviere sowie ein Orchester von Blas- und Schlaginstrumenten und Kontrabässen ...

Schostakowitsch begann die Arbeit an seiner *Neunten Sinfonie* im Winter 1944/45. Das feierlich-heroische Fresko kam aber nur sehr langsam voran, und den Komponisten quälten Zweifel und Unsicherheit. Erst im August, als er seinen Plan geändert hatte und immer stärker von der Richtigkeit des eigenen Entschlusses überzeugt war, konnte er die Komposition rasch zu Ende führen.

«Ihrem Charakter nach unterscheidet sich die *Neunte Sinfonie* sehr deutlich von meinen vorhergehenden Sinfonien, der *Siebenten* und der *Achten*. Während die

*Siebente* und die *Achte Sinfonie* tragisch-heroischen Charakter aufweisen, herrscht in der *Neunten* eine klare, ruhige und lichte Stimmung vor. Die Sinfonie besteht aus fünf nicht sehr umfangreichen Sätzen...»
D. Schostakowitsch. Aus einem dem Korrespondenten von *Die sowjetische Kunst* am 7. September 1945 gegebenen Interview.

Die musikalische Öffentlichkeit reagierte höchst unschlüssig. Die als triumphale Krönung der Trias vorgesehene Sinfonie entsprach anscheinend keineswegs ihrer hohen Vorherbestimmung. Nicht genug damit, daß das Werk ausgesprochen kurz war (fünf Sätze in 22 Minuten), auch sein Inhalt trug nach Meinung vieler Hörer allzu oberflächlichen Charakter. So rief die in Leningrad vom Orchester der Philharmonie unter der Leitung von Mrawinski vorzüglich dargebotene Erstaufführung keineswegs einhellige Begeisterung hervor. Im Urteil der Kritik wurden vielmehr Skepsis und Enttäuschung laut.

Die Situation erinnert an Bekanntes. Ebenso skeptisch war einige Jahre zuvor die unbeschwerte und elegante *Sechste Sinfonie* aufgenommen worden, die nach der tragischen «Beichte» der *Vierten* (die viele kannten) und der flammenden Dramatik der *Fünften* fast als eine Art Sakrileg erschien. Die Trias der im Kriege entstandenen Sinfonien des sowjetischen Komponisten wiederholte nun – in einer neuen Entwicklungsetappe von Schostakowitschs Schaffen – den gleichen paradoxen Kreis. Wieder bildete die Krönung der drei Sinfonien ein sinfonisches Scherzo. Und wieder dauerte es eine Weile, ehe die unbedingte Wahrhaftigkeit und künstlerische Ehrlichkeit des Komponisten allein deutlich wurde.

Die *Neunte Sinfonie* ist auf höchst unmittelbare und sinnfällige Weise mit dem Sieg verbunden. Nur der Sieg konnte dieses fröhliche, elegante, aber auch ironische Werk ins Leben rufen, das durch die Vollkommenheit und Geschliffenheit seiner Sprache, durch seine frappierende, fast kindlich-biedere Offenheit beeindruckt. Nicht zufällig vernehmen wir in dieser Sinfonie den Widerhall der Musik der Wiener Klassiker – Haydns, Mozarts, selbst Rossinis und nicht zufällig auch den Widerhall von Jugendwerken Schostakowitschs – der Film- und Ballettmusik sowie der Musik zu Schauspielaufführungen.

Doch bei all ihrer Unbeschwertheit ist die *Neunte Sinfonie* keineswegs oberflächlich – Oberflächlichkeit war dem philosophisch orientierten Komponisten entschieden fremd. Hochpathetisch ist. der vierte Satz des Werkes, eine Art Trauerzug und eine Trauerrede am Grab der Gefallenen. Und selbst im Finale blitzt hier und da in der allgemeinen Fröhlichkeit ·das unheildrohende Motiv einer sich krampfhaft krümmenden Marionette auf. Dennoch ist das sinfonische Scherzo durchdrungen vom Wetterleuchten feierlichen Salutschießens und vom Lärm der festlichen Menge, Schostakowitschs klassischste und leuchtendste Sinfonie. Mit dieser Musik schloß er seine drei großen sinfonischen Werke der Kriegsjahre ab, und so ging seine dem Ende des Krieges gewidmete Sinfonie in die Geschichte ein.

# DER GROSSE BÜRGER

## Am Wendepunkt

Anläßlich des Sieges im Großen Vaterländischen Krieg 1941–1945 zeichnete die sowjetische Regierung das Sowjetvolk mit Orden und Medaillen aus. Sie ehrte die Lebenden und die Toten für ihre Tapferkeit und ihren Mut, für ihre Kühnheit und ihren festen Willen. Bereits 1943 war Schostakowitsch eine hohe Auszeichnung verliehen worden, die Medaille «Für die Verteidigung Leningrads», und 1946, als das achtzigjährige Bestehen des Moskauer Konservatoriums festlich begangen wurde, überreichte man dem Professor Schostakowitsch für hervorragende Verdienste bei der Entwicklung der sowjetischen Musik den Leninorden. Wenig später erhielt er für sein dem Gedenken Sollertinskis gewidmetes Trio den Staatspreis der UdSSR.

Das Jahr 1946 wurde für alle Sowjetbürger zu einem

bedeutsamen Jahr. Im März wurde das Gesetz über den neuen Fünfjahrplan zum Wiederaufbau und zur Entwicklung der Volkswirtschaft angenommen, und das Land nahm tatkräftig die gestellten wichtigen Aufgaben in Angriff. Eine nach der anderen wurden die zerstörten Schachtanlagen im Donbass wieder in Betrieb genommen, der mächtige Bogen des Dneprwasserkraftwerkes wurde neu aufgebaut und vom Fließband des Charkower Traktorenwerkes kamen die ersten Nachkriegsmaschinen.

Ungemein wichtige Aufgaben bewältigte auch die sowjetische Kunst. Im Oktober 1946 fand in Moskau eine erweiterte Tagung des Plenums des Organisationskomitees des sowjetischen Komponistenverbandes statt. Dies war das erste repräsentative Forum nach dem Kriege, auf dem die weitere Entwicklung der sowjetischen Musik erörtert wurde.

Viele sowjetische Kunsttheoretiker und auch Kunstschaffende selbst vertraten die Meinung, daß dem Volk, das die Lasten des schrecklichsten Krieges in der Geschichte der Menschheit getragen hatte, mit Werken philosophisch-tragischen oder etwa ausgesprochen satirischen Charakters kaum gedient sei. Von einer solchen Position aus meinte man nun, die Schriftsteller, Maler, Musiker und Regisseure sollten hauptsächlich Werke mit feierlichem «Dur-Charakter» schaffen. Die Diskussionen entbrannten, die Meinungen blieben indes geteilt.

In dieser Entwicklungsetappe der Musik erwies sich der Beschluß des ZK der KPdSU *Über die Oper «Die große Freundschaft» von W. Muradeli* vom 10. Februar 1948 als richtungweisend, weil er die Politik der Partei auf dem Gebiet des kulturellen Aufbaus genau definierte und konkrete Maßnahmen für die «Gewährleistung der Entwicklung der sowjetischen Musik in Richtung auf den Realismus» vorschlug. Einer Reihe von Komponisten wurden ernsthafte Versäumnisse «wegen ihrer Entfremdung von den Bedürfnissen und dem künstlerischen Geschmack des Sowjetvolkes» vorgeworfen. Dabei fiel auch Schostakowitschs Name, und unter die Kategorie der «formalistischen Werke» seine Oper *«Lady Macbeth von Mzensk»* sowie seine *Vierte, Sechste, Achte* und *Neunte Sinfonie* ...

Die schwierige Situation um die Werke des Komponisten entspannte sich erst einige Jahre später. (1958 verfügte das ZK der KPdSU, daß im Beschluß von 1948 «die Entwicklungsrichtung der sowjetischen Kunst auf dem Wege des Volkstümlichen und des Realismus richtig bestimmt worden ist und eine gerechtfertigte Kritik hinsichtlich falscher, formalistischer Tendenzen in der Musik geäußert wurde – zugleich aber einige ungerechtfertigte und unnötig scharfe Urteile über das Schaffen einer Reihe begabter Komponisten zugelassen worden sind».) Schostakowitsch setzte all die Jahre seine Arbeit fort und bekräftigte so die Wahrhaftigkeit seiner eigenen künstlerisch-schöpferischen Position.

«Als Formalismus wird oft das bezeichnet, was einem nicht ganz verständlich ist oder dem Geschmack nicht völlig entspricht ... Indes kann man doch nur eine leere, gedankenlose, kalte, leblose Kunst als formalistisch bezeichnen. Gerade in einer solchen Kunst wird die vom Komponisten gewählte Methode zum Selbstzweck und verwandelt sich in Stutzertum, in Trickserei und Ästhetizismus.»
D. Schostakowitsch. *Über einige wichtige Fragen des musikalischen Schaffens.* – In: *Prawda,* 17. Juni 1956.

Die Suche nach neuen Themen und das ständige Streben nach Erneuerung der musikalischen Mittel bedingten die spezifische Richtung von Schostakowitschs künstlerischen Bemühungen Ende der vierziger und Anfang der fünfziger Jahre. Im Laufe von acht Jahren erweiterte er die Zahl seiner Werke um zwei Kantaten und ein Oratorium, zwei Quartette und ein Violinkonzert sowie zahlreiche kleinere Vokalwerke und Filmmusiken. Wieder begann in seinem Schaffen eine Periode, in der es ihm darauf ankam, bereits Geschehenes neu zu durchdenken und künstlerisches Neuland zu erschließen. (Nicht zufällig räumte Schostakowitsch gerade in diesen Jahren Vokalkompositionen und Filmmusiken eine so hohe Bedeutung ein.)

1948 schloß der Komponist die Arbeit an dem Vokalzyklus *Aus jüdischer Volkspoesie* ab. Die elf vokalen Genreszenen, die stark von der Musik jüdischen Brauchtums durchdrungen sind, erinnern an Dargomyshskis Lied *Der Titularrat* sowie an Mussorgskis Lied *Kalistrat* und dessen Vokalzyklus *Kinderstube*. Doch ist Schostakowitschs Zyklus auch deshalb bemerkenswert und seinen großen klassischen Vorgängern verwandt, weil hier Brauchtumsintonationen und -genres vom Komponisten erstmals nicht als Objekt der Parodie, sondern realistisch erfaßt werden – voll Mitgefühl, Güte und Herzlichkeit. Wie sollte auch der humanistische Komponist über den kleinen und rechtlosen Menschen anders schreiben – über diesen für ihn neuen, für die Kunst aber ständigen Helden?

1949 begann Schostakowitschs gesellschaftliche Tätigkeit als aktiver Teilnehmer an der antimilitaristischen Bewegung. Als Mitglied des Sowjetischen Komitees zur Verteidigung des Friedens reiste er mit einer repräsentativen Delegation in die Vereinigten Staaten. In New York wurde der Kongreß der Vertreter von Wissenschaft und Kultur der USA zur Verteidigung des Friedens eröffnet, und Schostakowitsch hielt in der Sektion für Musik, Dichtung, Malerei und Choreographie einen Vortrag. Erstmals in ein so verantwortungsvolles internationales Forum berufen, wurde ihm seine Mitwirkung an der Lösung lebenswichtiger Fragen des Lebens unserer Zeit besonders deutlich bewußt.

«Außerordentlich wichtig ist unsere Rolle, die Rolle der künstlerischen Intelligenz, der Kunstschaffenden und Musiker. Mit aller Macht müssen wir unsere Stimme für den Frieden, die Wahrheit, die Menschlichkeit und die Zukunft der Völker erheben. Man darf in diesen entscheidenden Etappen der Geschichte nicht beiseite stehen und sich mit der leeren Illusion trösten, wir stünden über dem Leben und seinen Konflikten. Nein, wir müssen uns direkt mit dem Leben befassen, wenn wir auf seinen Gang Einfluß nehmen wollen. Wir müssen Schritt halten mit den progressiven Kräften der Menschheit in den ersten Reihen der Friedenskämpfer. An diesem Kampf müssen wir mit unserer Kunst teilnehmen, mit ihrem Inhalt, ihren Ideen und Bildern, mit ihrer ganzen Zielstrebigkeit... Den mutigen Stimmen der Völker müssen wir die schöne und mächtige Stimme der Kunst hinzufügen... »

D. Schostakowitsch. Aus dem Vortrag auf dem Kongreß der Vertreter von Wissenschaft und Kultur der USA für Verteidigung des Friedens. - In: Prawda, 30. März 1949.

1950 nahm Schostakowitsch an der II. Allunionskonferenz der Kämpfer für Frieden teil, anschließend reiste er zum II. Weltkongreß der Kämpfer für Frieden nach Warschau. 1951 hielt er auf der III. Allunionskonferenz und 1952 auf der IV. Allunionskonferenz eine Rede und wurde Mitglied des Sowjetischen Komitees für Verteidigung des Friedens. Als Anerkennung für Schostakowitschs herausragende Verdienste verlieh der Weltfriedensrat dem Komponisten den Internationalen Friedenspreis (1954).

1950 fand in Leipzig das Bach-Fest anläßlich des

200. Todestages des großen deutschen Komponisten statt. Aus der Sowjetunion reiste eine zahlreiche Gruppe an, zu der Musikwissenschaftler, Komponisten und Musiker gehörten. Auch Dmitri Schostakowitsch kam nach Leipzig - als Gast, aber auch als Mitglied der Jury des Internationalen Bach-Wettbewerbes. Er mußte in diesen Tagen auch als Pianist auftreten, was jetzt nur noch selten geschah: Am Abschlußtag des Festes spielte er zusammen mit Tatjana Nikolajewa und Pawel Serebrjakow Bachs *Konzert fur drei Klaviere und Orchester.*

Die tiefgründige, philosophische Grundlage der Bachschen Musik wurde bei dem Bach-Fest auf neue Weise evident. Die Leipziger Thomaskirche bewahrte den Geist des alten, protestantischen Deutschlands, den Geist deutschen Kleinbürgertums und religiöser Demut, den Geist hoher Kunst und feierlicher Orgelklänge. Nach Moskau zurückgekehrt, schrieb Schostakowitsch einen Zyklus von *Vierundzwanzig Präludien und Fugen für Klavier,* der sowohl durch die filigrane Meisterschaft des polyphonen Satzes als auch durch die farbenreiche emotionale Palette besticht.

Wie schon oft in der Geschichte nach schweren Weltstürmen und Naturkatastrophen, so entstand auch jetzt in den Nachkriegsjahren ein außerordentliches Interesse an Themen der Kunst vergangener Jahrhunderte. Im Rückgriff auf die Werte der Geschichte erschloß man der Gegenwart eine Stütze für den Kampf gegen den tragischen Zwist in der heutigen Welt. Das tragische Pathos antiker Mythen, der ausgesprochen philosophische Ideengehalt barocker Musik, der moralische Imperativ des klassischen Theaters und die ewigen und unvergänglichen Themen - Leben und Tod, Gut und Böse, Gefühl und Pflicht - bildeten für die Kultur des 20. Jahrhunderts ein notwendiges Kettenglied für das Verständnis der aktuellen Probleme.

Durch seine Hinwendung zu barocken Formen bekräftigte Schostakowitsch nicht nur die unsterbliche, strenge Vollkommenheit dieser Formen, sondern auch ihr erstaunliches, universales Aufnahmevermögen, die Fähigkeit, sich mit lebendigem, modernem Inhalt «aufzufüllen». Er bekräftigte hierdurch die Kontinuität der Kunst und die organische, überzeitliche geistige Verbindung der Künstler aller Epochen bei der Suche nach einer Antwort auf die brennenden Fragen des Lebens.

Am 10. Oktober 1951 brachte der Staatliche Akademische Russische Volkschor unter der Leitung von Alexander Sweschnikow den Moskauern ein neues Werk von Schostakowitsch zu Gehör – die *Zehn Poeme für gemischten Chor* auf Texte revolutionärer Dichter. Der Komponist erprobte hier seine Kräfte an einem neuen, ihm noch unbekannten Genre – dem Chorgesang a cappella. Dieses Werk bildet den Übergang zu den bedeutenden sinfonischen und vokalsinfonischen Fresken Ende der fünfziger, Anfang der sechziger Jahre, die der Geschichte des russischen Volkes gewidmet sind. Mit all seinen Erfahrungen widmete sich Schostakowitsch nun der Bewältigung jenes Themas, das ihn schon sein ganzes Leben lang stark beschäftigt hatte.

«... In diesem Werk, das reale Bilder des heroischen Kampfes der russischen Arbeiterklasse bietet, versuchte D. Schostakowitsch, in die Welt russischer Revolutionslieder einzudringen und für ihn neue, komplizierte Formen des A-cappella-Chorgesangs zu bewältigen.»
*Die sowjetische Kunst*, 1951, Nr. 6.

Er wählte Verse von Dichtern, die die Arbeiterbewegung in Rußland hervorgebracht hatte; er wählte die chorische Vielstimmigkeit, weil deren Klang vorzüglich geeignet ist, die Atmosphäre illegaler Maifeiern und geheimer Versammlungen wiedererstehen zu lassen; er verwendete Intonationen von Revolutionsliedern – nicht als direkte Zitate, aber mit jenem Grad von Echtheit, der in dieser Musik den ganzen Assoziationsreichtum ahnen läßt, er ließ die Traditionen der russischen klassischen Oper (vor allem der musikalischen Volksdramen Mussorgskis) mit ihrem tiefen Eindringen in Seele und Schicksal des Volkes wiedererstehen; und endlich verlieh er der romantischen Haltung seiner Künstlernatur dadurch Ausdruck, daß er gerade in den Poemen die historische Vergangenheit des Landes besang. Sein Vaterland würdigte das Werk eines seiner besten Künstler, indem es ihm 1952 den Staatspreis der UdSSR verlieh.

Ein Jahr später beendete Schostakowitsch die Arbeit an der *Zehnten Sinfonie*. In den acht Jahren, die sie von der *Neunten* trennen, hat sich die «sinfonische Handschrift» des Komponisten spürbar verändert. Die Harmonik und die Orchesterfarben wurden weicher, die nunmehr deutlich mit dem *russischen Liedmelos* verbundenen Melodien noch lyrischer und ausdrucksvoller. Schostakowitsch prüfte gleichsam die Zuverlässigkeit der sinfonischen Konstruktion und den Grad ihrer Widerstandsfähigkeit gegen ein jetzt verändertes melodisches Material, das die Grundlage künftiger künstlerischer Vorhaben bilden sollte.

Es ist jedoch charakteristisch, daß diese in vielem neuartig klingende Musik ein früheres, für Schostakowitsch ungemein wichtiges Thema entschied: Die *Zehnte Sinfonie* hat, ebenso wie manche Episoden der *Vierten* und der *Achten Sinfonie,* etwas von einer Tragödie und von einer Beichte an sich.

«Nicht das kühne, schöpferische Experiment muß man fürchten, sondern das ‹gefällige› oberflächliche Dahingleiten, das Farblose, die Schablone. Das Bemühen, die scharfen Kanten im Schaffen zu glätten, bildet für mich eine der eigenartigsten Erscheinungen der fehlerhaften ‹Theorie der Konfliktlosigkeit›. Je eher wir uns von diesen nivellierenden Tendenzen lossagen, desto besser wird das für die Entwicklung der sowjetischen Kunst sein.»

D. Schostakowitsch. *Die Freude am schöpferischen Experiment* - In: *Die sowjetische Musik*, 1954, Nr. 1.

Der Rahmen des viersätzigen klassischen Zyklus engt die freie Entfaltung des musikalischen Denkens, das alle Etappen einer dramatischen Handlung durchläuft, nicht ein: die Glut und Schärfe der psychologischen Konflikte im ersten Satz, den unheilvollen Kampf im zweiten, das düstere Berichten im dritten und das wieder aktive und unruhige Geschehen im Finale. Bis zum letzten Moment vollzieht sich die Handlung, und die endgültige Bekräftigung wird von Schostakowitsch sozusagen «in Klammern» gesetzt. «Der Vorhang fällt» in dem Moment, in dem der auf der Bühne gebliebene Held sich langsam auf die Rampe zubewegt...

Die *Zehnte Sinfonie* rief - zum zehntenmal in Schostakowitschs Schaffen - das Problem des Finales auf den Plan. Wieder suchte der Komponist das keinen Aufschub mehr duldende Gespräch über dieses Problem, und zwar sowohl durch seine Musik als auch durch seinen *Die Freude am schöpferischen Experiment* überschriebenen Artikel. Und er begann damit gerade in dem Moment, als das Problem des Finales - das der Regel entsprechend gefällig und frisch zu sein hatte - gewissermaßen gar nicht existierte. Gerade dieses Finale rief eine erbitterte Diskussion über das Sinfonische hervor, eine Diskussion, in der mit einer Unversöhnlichkeit und Heftigkeit, wie sie eigentlich nur für die ersten Jahre nach der Revolution typisch waren, die Meinungen sowohl über die *Zehnte Sinfonie* von Dmitri Schostakowitsch als auch über die sowjetische Sinfonik als solche aufeinanderprallten.

«D. Schostakowitsch konnte keine ‹glatte› Sinfonie schreiben... Ja, seine *Zehnte Sinfonie* ist durch große dramatische Spannung gekennzeichnet. Doch diese Dramatik ist nicht ausweglos. Dies ist eine optimistische Tragödie, durchdrungen vom festen Glauben an den Sieg der lichten, lebensbejahenden Kräfte.»
*Die sowjetische Musik,* 1954, Nr. 3.

Die unmittelbare Zukunft bestätigte die Richtigkeit dieser Position, und die langen und heftigen Diskussionen um die *Zehnte Sinfonie* gaben dem sinfonischen Schaffen der sowjetischen Komponisten letztendlich einen starken Impuls.

1954 erhielt Schostakowitsch den Titel eines Volkskünstlers der UdSSR, und zu seinem fünfzigsten Geburtstag wurde er zum zweitenmal mit dem Leninorden ausgezeichnet.

# Eine Heldenchronik

Als ein Prüfstein für Ausdauer und Festigkeit zwang der Krieg viele noch einmal, den revolutionären Weg des Landes auf neue Weise zu betrachten. Das durch die Tragödie des Krieges vertiefte Gefühl des Nationalstolzes ließ, wie in den Jahren nach der Revolution, das Interesse an der Vergangenheit wieder wach werden, und zwar besonders an jenen Epochen, die ausgesprochen kompliziert waren und die einstigen politischen, ideologischen und ethischen Maßstäbe grundlegend verändert hatten. In diesem Interesse lag nichts Idyllisches und kein nostalgisches Vergnügen an Jahrmarktsschaubuden, an Kaufmannsfrauen und Possenreißern, an Bären und Karussells. Man wurde sich der russischen Geschichte in den Perioden entscheidender, zuweilen tragischer Umbrüche bewußt, es schärfte sich der Blick für russische

Helden, die durch ihre eindrucksvolle Größe und moralische Integrität bereits legendär und deshalb über die schnellebige Zeit gleichsam «emporgehoben» waren.

1957 schloß Schostakowitsch die Arbeit an seiner *Elften Sinfonie* ab, und diese Sinfonie mit dem Untertitel «Das Jahr 1905» wurde der Anfang bzw. der «Erste Band» seiner musikalischen Chronik, die der historischen Vergangenheit Rußlands gewidmet ist. Indem er die grandiosen Ereignisse der ersten russischen Revolution wieder heraufbeschwor, wandte sich der Komponist als eine Art Volkstribun an sein Land – und fand dabei den für sein Vorhaben einzig wahren, einzig notwendigen Ton. Er träumte davon, in der Musik das erhabene und einfache, das gewichtige und sichtbare Bild der russischen Geschichte wiederzugeben – und vernahm es in der Geschichte selbst, die durch das Lied zu ihm sprach.

Schostakowitsch ließ in seiner *Elften* das revolutionäre Lied wiedererstehen, und zwar als direktes Zitat, als Losung und als Appell an das Gedächtnis des Volkes.

«Wer, außer den Menschen meiner Generation und den etwas Jüngeren, erinnert sich jetzt noch an unsere Revolutionslieder, die vor einem halben Jahrhundert von der Arbeiter- und Studentenjugend so geliebt wurden! Wenn aber noch ein halbes Jahrhundert vergeht – und sie der Vergessenheit anheimfallen –, würden sie ganz aus dem Gedächtnis schwinden, gäbe es nicht den Genius der Musik, der die Stimmen der leidenden, kämpfenden, lebendigen Menschheit in sich aufgenommen und zu einem Ganzen vereinigt hat...»
Marietta Schaginjan. *Schostakowitschs Elfte*. 1957.
Zahlreiche Lieder sind in der Sinfonie vertreten: *Der Arrestant; Höre;* die *Warschawjanka; Wütet nur, Tyrannen; Brüder, zur Sonne, zur Freiheit* – und diese prallen aufeinander, ziehen eins nach dem anderen vorüber

und verschmelzen miteinander, wie die Fahnen über einer Arbeiterdemonstration sich vereinigen. Das Lied «beherrscht» diese Sinfonie so sehr, beherrscht so stark ihr ganzes Wesen, daß es die traditionellen Gesetze und Regeln des Formenbaus sprengt. Die vier Sätze der Sinfonie («Der Schloßplatz», «Der 9. Januar», «Ewiges Gedenken» und «Die Sturmglocke») folgen aufeinander wie vier gigantische Strophen eines mächtig sich entfaltenden Gesanges über die Geschichte des Landes.

Schostakowitsch widmete seine *Elfte Sinfonie* dem 40. Jahrestag des Roten Oktober. Ihre Erstaufführung fand in Moskau sozusagen am Vorabend des Feiertages statt – am 30. Oktober 1957. Und 1958 wurde Schostakowitsch für diese Sinfonie mit dem Leninorden ausgezeichnet.

«Die Bildhaftigkeit der musikalischen Denkweise, die klangmalerisch-darstellenden Mittel und die prägnante sinfonische Dramaturgie kommen so deutlich zum Ausdruck, daß die Sinfonie wie eine Oper ohne Text klingt... Schostakowitsch, der den besten Traditionen der russischen Klassiker – und zwar in erster Linie Mussorgski – folgt und zu sinfonisch-philosophischer Verallgemeinerung gelangt, spricht hier von den revolutionären Ereignissen des Jahres 1905, die dem russischen Volk vertraut und teuer sind... Man darf hoffen, daß Schostakowitschs dem Jahr 1905 gewidmete Sinfonie für den Komponisten der eigenständige ‹Prolog› zu neuen Kompositionen über die Epoche der sozialistischen Revolution wird...»
*Leningrader Prawda*, 12. November 1957.


Der Verfasser dieser Rezension in der *Leningrader Prawda* sah sich in seinen Erwartungen nicht getäuscht. Drei Jahre später widmete sich Schostakowitsch der Arbeit an dem «Zweiten Band». Vorläufig aber unternahm er im Frühjahr und Sommer 1958 mehrere Auslandsreisen.

«Am 9. Mai reiste der Volkskünstler der UdSSR, der Komponist Dmitri Dmitrijewitsch Schostakowitsch, auf Einladung der italienischen Musik-Akademie ‹Santa Cecilia› nach Italien.»
*Die sowjetische Kultur*, 10. Mai 1958.

«Paris. 22. Mai (TASS). Heute fand in Paris die feierliche Zeremonie der Ernennung des sowjetischen Komponisten Dmitri Schostakowitsch zum Kommandeur des Französischen Ordens für Kunst und Literatur statt.»
*Die sowjetische Kultur*, 23. Mai 1958.

«Am 25. Juni fand in Oxford die feierliche Zeremonie der Verleihung des Ehrendoktors für Musik statt...»
*Prawda*, 26. Juni 1958.

Schostakowitschs Sammlung von Ehrendiplomen und Ehrentiteln vieler Universitäten, Musikgesellschaften, Einrichtungen und Organisationen wuchs rasch an: die Schwedische Königliche Akademie für Musik (1954), die Italienische Akademie «Santa Cecilia» (1956). England, Frankreich, Österreich, Finnland, Mexiko, Amerika, Serbien und Bayern... In fast allen Ländern begleiteten Festakte die Erstaufführungen seiner Werke. So auch in Frankreich, wohin er bereits als Kommandeur des Ordens für Kunst und Literatur kam – der erste Ausländer, dem diese Ehre zuteil wurde. Am 22. Mai wurde er Kommandeur, und am 27. Mai fand im größten Konzertsaal von Paris, im ‹Pleyel›-Saal, die erste Aufführung seiner *Elften Sinfonie* statt.

Die älteste Universität Englands, Oxford, lud Schostakowitsch zur feierlichen Verleihung der Würde eines Ehrendoktors für Musik ein. Zu diesem Anlaß versammelten sich die Dekane der Colleges sowie bedeutende

Professoren und Wissenschaftler Englands. Weite Umhänge und altertümliche Kopfbedeckungen, die nur zu besonders feierlichen Anlässen getragen werden, ein strenges und trockenes Latein... Die englische Universität ehrte den sowjetischen Komponisten.

Schostakowitsch setzte indes seine Kollegen und Bewunderer durch eine unerwartete «Wende seiner Feder» erneut in Erstaunen. Bei ihm verbanden sich nämlich auf erstaunliche Weise Ernst und Humor, konzentrierte Vertiefung und unbekümmertes Wesen. So auch in seinem Schaffen: Nach der *Vierten* und *Fünften Sinfonie* - kam die *Sechste,* nach der *Achten* - die *Neunte.* Und nach der *Elften* - ... eine Operette.

Alles lief friedlich und ruhig. Moskau wurde größer, schöner und grüner, Lastwagen trugen Großvaters Schränke und Urgroßmutters Kommode nach Südwesten, die Jugend nahm die Etagen der neuen, weißen Wohnblocks in Besitz, es gab Lärm und Lachen bei den Wohnungseinweihungen, Bücher anstelle eines rasch aufgestellten Tisches, Mißverständnisse, rasche Bekanntschaften und Freundschaften - warum sollte man da nicht eine lustige und witzige musikalische Komödie komponieren? Schostakowitsch schrieb sie. Die Operette hieß *Moskau Tscherjomuschki.*[4]

«Es ist sehr gut, wenn ein großer und wahrer Komponist sich einem so fröhlichen und notwendigen, stets aktuellen und von den Zuschauern geliebten Genre wie der Operette zuwendet. Es ist sehr gut, wenn ihm sein Vorhaben gelingt, und das Volk nicht nur ein fröhliches, sondern auch ein hochkünstlerisches Werk erhält. Und es ist noch besser, wenn dieses Werk sich als so interessant erweist, daß man darüber polemisieren und dabei die Frage nach Natur und Zukunft des Operettengenres

4 Stadtteil in Moskau (Anm. d. Ü.).

als solchem stellen kann. Mit dem neuen Werk von Schostakowitsch ist das so geschehen ... – ... Sein eigentlicher Reiz liegt selbstverständlich in der Musik. Schostakowitsch ist es gelungen, mit ihr zu beweisen, daß er ‹alles kann› und, was die Hauptsache ist, dies kann, ohne sich auch nur um ein Jota zu ändern ...

Schostakowitsch hat in seine Operette viel volkstümliches Liedmelos übernommen, sowohl eigenes als auch fremdes, und all das wurde von ihm auf wunderbare Weise umgestaltet und erhielt neues Leben.»
*Literarische Neuheiten* (Prag), Februar 1959.

Im Sommer 1960 reiste Schostakowitsch nach Dresden. Seine Aufgabe bestand darin, die Musik zu dem Film *Fünf Tage, fünf Nächte* zu schreiben, den sowjetische Filmschaffende zusammen mit Kollegen aus der DDR drehten. Er ging durch Dresdens Straßen und dachte an die durch Krieg und Blockade zerstörten Straßen Leningrads ...

«... Das *Achte Quartett* entstand innerhalb von drei Tagen in Dresden, während der Arbeit an dem Film *Fünf Tage, fünf Nächte* ... Es schien fast unmöglich, ein Werk von fünf Sätzen für Streichquartett in so kurzer Zeit auch nur *niederzuschreiben,* geschweige denn zu *komponieren!* Der Film ... führt uns zum Thema des vergangenen Krieges zurück. Und das neue Streichquartett, das Schostakowitsch unter dem Eindruck des für den Film aufgenommenen Materials komponierte, widmete der Komponist dem Gedenken der Opfer von Krieg und Faschismus ...»
*Iswestija,* 22. Oktober 1960.

... Seine Hand konnte die ihm innerlich zuströmende Musik kaum so schnell zu Papier bringen (so rasch hatte er einst nur die *Siebente* und die *Achte Sinfonie* komponiert). Und in dem weit gefaßten, lyrisch-epischen Gemälde wurde auf neue Weise das «Thema des vergangenen Krieges» gestaltet. In der Musik des *Achten Streichquartetts* verbinden sich Intonationen der *Ersten Sinfonie*, des *Klaviertrios*, des Liedes *Gequält von schwerer Gefangenschaft* und der Oper *Lady Macbeth*, vor allem aber verbindet sich darin das Klang-Monogramm D, Es, C und H, das Schostakowitschs Initialen bildet und gleichsam die Stimme des Komponisten selbst darstellt. Für Schostakowitsch lag in diesem Selbstzitat ein tiefer Sinn und eine große innere Notwendigkeit: Er trennte sein Schicksal nicht vom Schicksal seiner Heimat.

Im Herbst desselben Jahres meldete sich Schostakowitsch im sowjetischen Rundfunk und in der Presse mit einem Bericht über seine neue, die *Zwölfte Sinfonie* zu Wort. Ebenso wie viele Jahre zuvor, als er, kaum daß er die ersten zwei Sätze der *Siebenten Sinfonie* beendet hatte, sich beeilte, seinen Mitbürgern, für die er wirkte und für die er diese flammende Musik schrieb, seine Gedanken mitzuteilen, so wandte er sich auch jetzt an sie, um über seine neue, für ihn so wichtige und notwendige Arbeit zu sprechen. Der Komponist stellte sich sein künftiges Publikum als eine millionenköpfige Menge von Gleichgesinnten vor, zu denen auch die Helden seiner *Siebenten* und *Zwölften Sinfonie* gehörten. Deshalb wünschte er, diese neue Sinfonie den Menschen nahezubringen, deshalb berichtete er so ausführlich von seinem neuen Vorhaben. So entstand der «Zweite Band» seiner Chronik der russischen Geschichte.

«Gegenwärtig arbeite ich an meiner *Zwölften Sinfonie*... Nachdem ich die *Elfte* beendet hatte, begann ich über deren Fortsetzung nachzudenken; so entstand die Idee der *Zwölften*... Von den vier Sätzen sind zwei fast schon fertig... Die Sinfonie wird dem Großen Oktober und Wladimir Iljitsch gewidmet sein... Den ersten Satz habe ich als musikalische Erzählung über

Lenins Ankunft in Petrograd im April 1917 konzipiert, über seine Begegnung mit den Werktätigen, mit der Arbeiterklasse von Petrograd. Der zweite Satz stellt die historischen Ereignisse des 7. November dar. Der dritte Satz wird über den Bürgerkrieg berichten, und der vierte – über den Sieg der Großen Sozialistischen Oktoberrevolution.»

D. Schostakowitsch. Aus einer Ansprache im sowjetischen Rundfunk. 29. Oktober 1960.

Wie das bei Schostakowitsch häufig der Fall war, nahm die Idee während des Schaffensprozesses ihre endgültige Gestalt an, und die Sinfonie erhielt ein etwas anderes Programm als ursprünglich vorgesehen. Im ersten Satz («Das revolutionäre Petrograd») erscheint die ihre Kräfte für den Aufstand sammelnde Stadt wie eine sich unerbittlich nähernde Lawine mächtig und drohend. Der zweite Satz («Hochwasser») gibt sich gelassen und philosophisch-verdichtet und schildert die Gestalt Lenins, der das Schicksal des Landes und der Revolution entscheidet. Im dritten Satz («Aurora») erschüttern die donnernden Geschützsalven des legendären Kreuzers «die ganze Welt der Gewalt». Der vierte Satz («Morgenröte der Menschheit») bildet schließlich in majestätischer Apotheose eine Hymne auf die Freiheit, die Gleichheit und das Glück auf dieser Erde.

Diese rhetorisch geprägte und feierliche Musik erinnert in gewisser Weise sowohl an die *Oktober-Sinfonie* als auch an die *Sinfonie des 1. Mai*. Doch hat sie die naive Geradlinigkeit jener frühen Werke überwunden. So wurde die *Zwölfte* zu einem episch-verallgemeinerten Bild der Revolutionsepoche und damit eines Höhepunktes im historischen Schicksal des Volkes.

Der reife Meister, der große Künstler und Bürger, schloß seine grandiose, fast vierzigjährige Arbeit an einem Thema ab, zu dem der durch Lenins Tod erschütterte achtzehnjährige Konservatoriumsschüler bereits erste Skizzen entworfen hatte. Schostakowitsch nannte seine neue Sinfonie «Das Jahr 1917» und widmete sie dem Gedenken Wladimir Iljitsch Lenins. Die Erstaufführung (am 1. Oktober 1961) fand in Leningrad unter der Leitung von Mrawinski statt.

«... Ich habe die Komposition der *Dreizehnten Sinfonie* begonnen. Das wird aber wohl eher eine vokalsinfonische Suite aus fünf Sätzen werden... Ich habe für dieses Werk Worte des Dichters Jewgeni Jewtuschenko verwendet. Bei näherer Bekanntschaft mit diesem Dichter wurde mir klar, daß er ein großer und – was die Hauptsache ist – denkender Künstler ist.» Aus einem Brief D. Schostakowitschs an W. Schebalin vom 1. Juli 1962.

Am 17. Dezember 1962 informierte die *Prawda* über die Uraufführung von Schostakowitschs *Dreizehnter Sinfonie*. Am nächsten Tag war der Große Saal des Moskauer Konservatoriums brechend voll. Auf der Bühne nahmen die Mitwirkenden Platz – die Musiker des Sinfonieorchesters der Staatlichen Moskauer Philharmonie, die Bässe des Staatlichen Russischen Chores und die des Chors des Gnessin-Instituts. Man erwartete eine Sinfonie, in der nach langer Pause bei Schostakowitsch wieder das gesungene Wort zur Geltung kommt.

Die Synthese von Wort und Musik in der *Dreizehnten Sinfonie* erwuchs unmittelbar im Anschluß an die programmatischen Sinfonien «Das Jahr 1905» und «Das Jahr 1917», in denen hinter dem zitierten Liedmaterial das zunehmende Bedürfnis des Komponisten nach einem das musikalische Geschehen möglichst konkretisierenden Element bereits spürbar ist: um noch größerer Faßlichkeit, noch größerer Prägnanz und publizistischer Deutlichkeit willen.

In dem neuen Entwicklungsabschnitt im Schaffen

Schostakowitschs kehrt die Sinfonie zum dichterischen Text zurück, doch war der Komponist von mechanischer Vereinigung dieser beiden Größen in der Art der *Zweiten* und *Dritten Sinfonie* jetzt weit entfernt. Dort gab es einen völlig selbständigen sinfonischen «Organismus» mit einer «schlagenden» vokal-instrumentalen Schlußapotheose. Hier dagegen finden wir eine natürliche Verbindung von Musik und Text in buchstäblich jeder Beziehung: Die musikalische Intonation folgt feinsinnig der Textintonation und strebt nach rezitativischem Ausdruck. Sie nimmt gesangliche Elemente auf und ordnet sich zeitweilig den Gesetzen der chorischen Mehrstimmigkeit unter, d. h. sie umgibt sich mit Nebenstimmen, wie sie für das russische Volkslied charakteristisch sind, ja sie strebt sogar danach, den einfachen und prägnanten Aufbau des Strophenliedes zu übernehmen.

Die fünf Sätze der Sinfonie basieren auf fünf verschiedenen, vom Stoff her nicht miteinander zusammenhängenden Gedichten von Jewtuschenko. Die Musik ergänzt teilweise den Text, indem sie eine zweite, «innere» Versschicht aufzeigt. Teils polemisiert sie mit dem Text, teils verallgemeinert sie ihn, was nur mittels entwickelter sinfonischer Gestaltung möglich ist. Zeitweise erhebt sie sich auch über den Text. Tragisch und gramvoll ist der erste Satz «Babi Jar»[5]; grotesk pointiert wirkt der scherzohafte zweite Satz «Humor»; lyrisch-expressiv ist der dritte Satz «Im Geschäft»; im vierten Satz «Schrekken» überwiegt wieder eine gespannte und erregte Atmosphäre und im fünften Satz «Die Karriere» herrschen, nur hier und da von ironischen Intonationen verdunkelt, das Licht und die Feierlichkeit endgültiger Wahrheit.

Offenkundig hatte der Komponist das Werk zutref-

---

5 Steilhang bei Kiew, während der faschistischen Okkupation eine Hauptstätte der Massenmorde an Juden (Anm. d. Ü.).

fend charakterisiert: Es war dies eine vokal-sinfonische Suite. Gerade in diesem Genre ist normalerweise die bildhafte, äußere Gegenüberstellung verschiedener kontrastierender Bilder üblich.

In der *Dreizehnten Sinfonie* gibt es indes einen gewissen einheitlichen Bedeutungskern, der es erlaubt, dieses Werk eben doch eine Sinfonie zu nennen und der dem ganzen Zyklus dramaturgische Geschlossenheit verleiht. Das ist das hohe Pathos des Patriotismus, das den Faschismus und die Gewalt, die Lüge und Heuchelei, den Karrierismus und den Stumpfsinn anprangert und die Kraft der ethischen Gesetze unterstreicht.

«... Die *Dreizehnte* von Schostakowitsch ist das Beispiel eines neuen Genres, das wir philosophisch-publizistisch nennen wollen. Vieles aus seiner langjährigen Erfahrung verallgemeinernd, schuf der Komponist etwas künstlerisch qualitativ Neues ... Der wachsende Glaube an das Gute und an die Vernunft, trotz Mißgunst und wildem Fanatismus – das ist die Grundidee der Sinfonie ... Da herrscht Zorn wegen der mit Füßen getretenen Menschlichkeit, da gibt es eine leidenschaftliche Bekräftigung der erhabenen Schönheit sittlicher Ideale – und dank dieser Qualitäten wird die *Dreizehnte* für uns zur wahren ‹künstlerischen Schule› der Gerechtigkeit und des Humanismus.»
*Sowjetskaja musyka*, 1966, Nr. 9.

Zwanzig Tage nach der Erstaufführung der *Dreizehnten*, am 8. Januar 1963, erlebten die Moskauer wieder eine Uraufführung. Das «K. S. Stanislawski- und W. I. Nemirowitsch-Dantschenko-Musiktheater» brachte Schostakowitschs Oper *Katerina Ismailowa* in einer Neufassung des Komponisten heraus.[6] Nach fast drei-

---

6  Die Erstfassung des Werkes trägt den Titel «Lady Macbeth von Mzensk».

ßig Jahren wurde auf derselben Bühne wieder die tragische Geschichte von Liebe und Untergang der Kaufmannsfrau Katerina gezeigt, spielte man jenes Werk, das seinerzeit den Reigen der Meisterwerke sowjetischer klassischer Opern eröffnet hatte. Einige Zeit später wurde *Katerina Ismailowa* auf der Bühne des MALEGOT aufgeführt und ab 1964 auch im Ausland: in England, Jugoslawien, Österreich und Ungarn... Schostakowitschs zweite Oper trat ihren Siegeszug durch die ganze Welt an.

Der Komponist hatte indes bereits neue Pläne. Er wandte sich erneut dem *Hamlet* zu und schrieb eine komplizierte sinfonische Partitur zu dem gleichnamigen Film, komponierte eine Musik, die feierlich-streng auf die ausgesprochen philosophische Grundhaltung der Shakespearischen Tragödie abgestimmt war. Im Sommer 1964 schloß er die Arbeit an seinem *Neunten* und *Zehnten Streichquartett* ab, und bald darauf beendete er auch ein neues Werk für Solostimme, Chor und Orchester (auf Verse von J. Jewtuschenko), das den Titel *Die Hinrichtung des Stepan Rasin* erhielt.

... In die Hauptstadt, nach Moskau, mit seinen weißen Steinen und den vielen Glocken, bringt man den Räuber-Ataman Stenka Rasin, den Abgerissenen, Angespienen und Geschlagenen, dessen schwere eiserne Kette, die wie ein Halsband um seine Kehle liegt, mit dem Gepolter des über die Steine holpernden Gefährts im Takt rasselt. Allerlei Volk läuft auf das Gefährt zu: Bauern und Weiber, Diener und Beamte, Kaufleute und Narren. Die Menge lacht, spottet und pfeift, und durch die Straßen dringen lärmender Hohn und der boshafte Ruf: «Sie bringen den Stenka Rasin!» In dem allgemeinen Stimmengewirr und der hitzigen Erregung ist nur die Stimme des berichtenden Chronisten leidenschaftslos. So beginnt Schostakowitschs Werk. Es ist dies weder eine Sinfonie noch ein Oratorium, obwohl das Werk, das den Titel *Die Hinrichtung des Stepan Rasin* trägt, sowohl sinfonische als auch oratorische Elemente sowie eine Synthese beider aufweist. Es ist dies der zentrale Akt eines Volksdramas, bei dem nur fehlende Kostüme und eine fehlende unmittelbare, szenische Handlung der Grund dafür sind, daß dieses Werk nicht als eigenständige Opernszene bezeichnet werden kann. Am genauesten hat der Komponist selbst das Genre der «Hinrichtung» bezeichnet: Er nannte es ein vokal-sinfonisches Poem. Und in diesem Werk erweist er sich besonders sinnfällig als Erbe der episch-dramatischen Opern von Mussorgski, als Erbe des Besten, was die klassische russische Musik der Welt gegeben hat, als sie sich der Geschichte ihres Volkes zuwandte.

Malerisch und in einigen musikalischen Details sehr konkret gibt der Bericht den Geist der altrussischen Bylinen wieder, in denen Gelassenheit und äußere Ruhe der Erzählweise den Handlungsreichtum, die Dramatik und die Anschaulichkeit der vor sich gehenden Ereignisse nur noch betonen. So wird das lapidare, intonationsmäßig karge, asketische, epische Motiv zum führenden Thema, das durch die ganze Erzählung hindurchgeht, das das musikalische Gewebe wie ein Kern durchdringt, so wie die Stimme des Chronisten, wie die strenge Stimme der Geschichte selbst. (Und offenkundig nutzt Schostakowitsch in dem Poem nicht zufällig den Klang der Männerstimmen voll aus, vor allem den Klang der Bässe, d. h. jener Stimmen, die im Bewußtsein des sowjetischen Publikums unmittelbar mit den Stimmen Pimens und Dossifejs[7] verbunden sind.)

Die Szene der geräuschvollen «Überführung» Rasins

---

7 Gestalten aus Mussorgskis Opern «Boris Godunow» und «Chowanschtschina».

nach Moskau wird – fast sichtbar – vom Monolog des Atamans abgelöst. Darin kommen sowohl Rasins Verdruß als auch seine Niedergeschlagenheit, sowohl seine aufrichtige Überzeugung («Ich verleugne mich nicht, ich hab' mir mein Los selbst gewählt») als auch der große russische Kummer zum Ausdruck. Rasins Monolog, der fast den Charakter einer «Opernarie» hat, klingt dabei ruhig und schlicht.

Den zentralen Teil des Poems bildet die laute und blutige Szene der Hinrichtung Stepan Rasins auf dem Roten Platz, und der Kulminationspunkt dieser Szene liegt in den Worten: «Der Platz begriff etwas, der Platz nahm die Mützen ab.» In bezug auf den künstlerischen Eindruck erstaunlich und einzigartig ist die jähe, tödliche «Stille» des Orchesters (nur die Streicher halten leise einen Akkord). Hier macht sich das große Können des Musikdramatikers Schostakowitsch geltend, der es versteht, mit den entsprechenden musikalischen Mitteln den psychologisch ungemein komplizierten Moment des Umschwungs wiederzugeben, jenen Moment, wo die Menge plötzlich nicht mehr gesichtslos ist, jenen Moment, wo «die Gesichter drohend an Profil gewinnen...»

Die Handlung nähert sich indes bereits ihrem Ende, und umsonst erklingt – falsch und übertrieben munter – die Spielmannsflöte, umsonst ruft der Zarenbüttel: «Was steht ihr da, ihr Leute, und feiert nicht? Die Mützen werft empor und tanzt!» Sein «Ä-ä-ch!» hängt in der sich hinziehenden Stille, die plötzlich vom lauten Lachen des abgeschlagenen Kopfes des Atamans zerrissen wird. Und in dem unruhigen und gespannten Finale des Poems bekräftigt der Chor hartnäckig lediglich die beiden Worte: «Nicht umsonst!»

Vom Nachdenken zum aktiven Handeln braucht es mehr als einen Schritt. Und auch das Nachdenken dauert lange, ist widersprüchlich und qualvoll. Die Geschichte

Rußlands hat das bewiesen. Und die große Wahrheit des Poems *Die Hinrichtung des Stepan Rasin* liegt in der gesanglichen Stille seines Kulminationspunktes und in der unruhigen Bewegung des Finales. Das ist die Wahrheit der Geschichte, der sich Schostakowitsch noch einmal zugewandt hatte.

«... Das Poem ist ebenfalls eine Art optimistische Tragödie, dazu noch eine sozial-historische... Dieses einsätzige vokalsinfonische Stück lehrt uns vieles nicht nur in der Kunst, sondern auch im Leben, so wie es einem wahren Kunstwerk zukommt...»

S. Slonimski. *Der Sieg des Stepan Rasin.* 1965.

# UNSTERBLICHKEIT

## Eine Sinfonie tiefer Weisheit

Das Jahr 1966, in dem Schostakowitsch sechzig wurde, begann für ihn mit einem bedeutsamen Ereignis. Am 29. März stieg der Volkskünstler der UdSSR, der Träger des Leninordens und mehrerer Staatspreise, der Komponist Dmitri Schostakowitsch, erstmals die breiten Stufen des Kongreßpalastes im Kreml mit dem roten Mandat in der Hand hinauf – als einer der fünftausend Delegierten des XXIII. Parteitages der KPdSU. Elf Tage währte die Arbeit des Kongresses, und in diesen elf Tagen wurde er sich immer wieder der Notwendigkeit seines Schaffens und der hohen Mission jener Kunst, der er nun schon so lange und selbstlos diente, bewußt.

Inzwischen näherte sich für Schostakowitsch die Zeit seines großen Ehrentages. Am 28. Mai 1966 fand im Kleinen Saal der Leningrader Philharmonie ein Konzert mit Werken von Schostakowitsch statt, in dem hauptsächlich Stücke humoristischen Charakters erklangen. Es wurden die *Satiren* auf Verse von Sascha Tschorny (1960) und die *Fünf Romanzen für Singstimme und Klavier* auf Texte aus der Zeitschrift *Krokodil* (1965) aufgeführt – geistreiche und ausgelassene Porträtskizzen auf Texte aus der Rubrik «Nicht eigens ersonnen», in denen der Komponist mitreißend und bissig über kleine menschliche Schwächen und große menschliche Fehler spottet.

Das Konzert wurde mit einem Werk eröffnet, dessen Worte Schostakowitsch in Anlehnung an Puschkin geschrieben hatte. Den dichterischen Teil «entlehnte» Schostakowitsch mit geringen Änderungen der bekannten *Geschichte eines Dichters* von Puschkin, den Prosatext hatte er dagegen selbst verfaßt. Das Werk hieß *Vorwort zur Gesamtausgabe meiner Werke und Überlegungen anläßlich dieses Vorwortes.*

«Mit Einheitsgeist beschmiere ich ein Notenblatt.
Ich lausche einem Pfiff mit fachlichem Genuß.
Dann plage ich das Ohr der Welt, bis daß sie's satt.
Dann laß ich's drucken – plums! schnell in den Lethefluß!

Und hier die Unterschrift: Dmitri Schostakowitsch, Volkskünstler der UdSSR. Sehr zahlreich sind auch seine anderen Ehrentitel. Erster Sekretär des Komponistenverbandes der RSFSR, einfach bloß Sekretär des Komponistenverbandes der UdSSR. Und sehr zahlreich sind auch die anderen höchst verantwortungsvollen Verpflichtungen und Funktionen.»

Ein Mensch im wahrsten Sinn des Wortes – er konnte auch über sich selbst lachen: «Nichts Menschliches ist mir fremd...»

Lobreden und große Worte mochte er nicht, Gespreiztheit und Wortgeklingel konnte Schostakowitsch nicht leiden. Er sprach und schrieb schlicht, ohne komplizierte Nebensätze. Ein kurzer Satz. Punkt. Noch ein Satz. Punkt. Er bemühte sich, schmückende Beiwörter und Superlative zu vermeiden, und seine Artikel, autobiographischen Notizen und Bemerkungen zeigen, wie häufig er ganz einfache und gebräuchliche Verben benutzte.

Die Zeitgenossen, die das Glück hatten, mit Schostakowitsch bekannt zu sein, heben einhellig den Grundzug seines Wesens hervor: Er war zurückhaltend, natürlich und schlicht. Als er die Gratulationen zu seinem Ehrentag erhielt, als die feierlichen Zeremonien stattfanden, bei denen ihm zum drittenmal der Leninorden und außerdem der Goldene Stern eines Helden der Sozialistischen Arbeit verliehen wurden, und als ein Konzert nach dem anderen erklang, das jeweils dem sechzigsten Geburtstag des Komponisten gewidmet war, da stellte sich heraus, daß er sich noch ebenso ungeschickt und hastig verbeugte wie früher ...

Schostakowitschs Leben näherte sich der Vollendung. Und von Werk zu Werk zeichnete sich für ihn immer deutlicher und klarer das Problem der Lösung des Finales ab, und zwar des Finales des menschlichen Schicksals und seines Schaffens. Mit jener Ruhe, die nur Weisheit und große Lebenserfahrung verleihen, suchte er die Wahrheit, die seit jeher den künstlerischen Geist der ganzen Menschheit beschäftigt – die Wahrheit «für alle Zeiten». Leben und Tod, ewige Finsternis und das ewige Leuchten des schöpferischen Geistes, die Geheimnisse einer großen Zeit ... Und er erreichte eine neue, nur wenigen zugängliche Ebene schöpferischen Denkens, von der aus sowohl der Mensch selbst als auch das Maß seiner Kräfte und das seiner Taten zu überblicken sind.

«Er ist nicht auf der Suche nach neuen Klängen, sondern auf der Suche nach einem neuen Sinngehalt. Und das Schicksal verlieh Schostakowitsch die Fähigkeit, alles zu finden, was er sucht ...

Das patriotische Moment in seiner Kunst erhielt einen neuen geistigen Aspekt, die Musik wurde für ihn zu einer noch höheren Offenbarung als bisher ... In ihr kann man die Antworten auf höchst wichtige Fragen finden: Wozu lebt der Mensch, wo leuchtet das Licht der Wahrheit ...»

*Sowjetskaja musyka,* 1974, Nr. 9.

Ein lyrisch-philosophisches, betont ethisches Element war Schostakowitschs Kunst stets eigen. In der letzten Schaffensperiode eröffnete seine Kunst diesem von allem Nichtigen und Vergänglichen gereinigten Element indes eine neue Dimension. Nicht von ungefähr wurde deshalb in Schostakowitschs Musik der «Brückenschlag» zur Klassik so bedeutungsvoll – bis hin zu Reminiszenzen und offenem Zitieren. Bei der Lösung der großen Fragen des menschlichen Seins sprach er, der Bürger des 20. Jahrhunderts, «von gleich zu gleich» mit der Vergangenheit, übernahm er ihre künstlerischen Erfahrungen und bekräftigte seine Auffassung von der Zeit.

Schostakowitschs musikalische Sprache wurde immer strenger und einfacher, die Gedanken lakonisch bis zum Aphoristischen und der Ton seiner Äußerungen intimer (und die Zahl der Kammermusikwerke, der Quartette und Lieder, nahm bedeutend zu). Über das Tief-Innerliche wollte er nur mit verhaltener Stimme sprechen.

Im Jahr seines sechzigsten Geburtstages beendete er noch zwei Werke. Das eine war das *Elfte Streichquartett,* das dem Gedenken Wassili Schirinskis, einem Mitglied des Beethoven-Ensembles gewidmet ist – ein ausgesprochen persönliches und lyrisches Werk, das gegen jene gebieterische Macht protestiert, die dem Leben seine verhängnisvolle Grenze setzt, welche es freilich voller Leid anerkennen muß. Das andere Werk war das *Zweite Cello-Konzert,* das am 25. September 1966, zum Geburtstag des Komponisten, aufgeführt wurde.

In dem Konzert wurde erstmals jene neue dramaturgische Linie sichtbar, die die Grundlage vieler folgender Werke Schostakowitschs bilden sollte. Das Konzert hat, den klassischen Gesetzen entsprechend, drei Sätze. Doch nichts in ihm erinnert an das traditionelle bildlich-dramaturgische Schema: aktiv-konflikthaft der erste Satz, ruhig und nachdenklich der zweite, lebensfroh und innerlich ausgeglichen das Finale. Das Gegenteil ist hier der Fall. Ruhe tritt an die Stelle der Aktivität, Aktivität an die der Ruhe. Und es liegt ein hoher künstlerischer Sinn in dieser Lösung, die Schostakowitsch bietet.

Der erste Satz des Konzerts kündet von strengem, episch verhaltenem Nachdenken über das Leben, die Ewigkeit und, vielleicht, den Ruhm. Hier spürt man die innere Konzentration eines Weisen, der den Fluß der Zeit beobachtet. Der zweite Satz kündet vom Leben selbst, das sich zeitweilig zu den Höhen des Dramatischen und des bitteren Leidens erhebt, sowie vom Tod, der dieses Leid verursacht. Das Finale kehrt im Schlußteil wieder zur Weisheit und Besinnlichkeit zurück, und in seiner stillen und ausgeglichenen Schlußperiode gibt es kein Ende, sondern «Ruhe und Freiheit...»

Schon wenige Monate später erörterte die musikalische Öffentlichkeit in der Sowjetunion interessiert ein neues Werk Schostakowitschs – die *Sieben Lieder für Sopran, Violine, Cello und Klavier* auf Verse von Alexander Blok. Das Erscheinen dieser Vokalstücke zeigte, daß das *Cello-Konzert* kein Zufall gewesen war, daß der Komponist sich neuen Themen, einer neuen Dramaturgie und neuen Mitteln zugewandt hatte. Die Fachpresse stellte fest, daß Schostakowitschs Musik mit den Versen des Dichters ganz erstaunlich harmoniert, daß bei dem Komponisten wiederum die Idee des ewigen Wertes des Lebens auftauchte, und hob den feierlichen und ausgeglichenen Charakter der abschließenden Lieder hervor, deren kammermusikalischen Charakter sowie die Intimität der Aussage.

Besondere Beachtung erfuhr das letzte Stück des Zyklus, «Die Musik» – gewissermaßen das moralisch-ethische Credo des Komponisten. Es bildet eine erhabene und gleichzeitig düster-feierliche Hymne auf die «Herrscherin des Weltalls», eine Hymne auf das Schaffen, dem «durch Blut, durch Qualen und durch Gräber» das ganze Leben des Künstlers geweiht ist.

1967 erschien ein weiteres Instrumentalkonzert von Schostakowitsch – das *Zweite Konzert für Violine und Orchester*, das der Komponist David Oistrach widmen wollte – «zu Ehren seines sechzigsten Geburtstages». Doch da stellte sich heraus, daß Schostakowitsch «sich geirrt hatte», und so schrieb er als Korrektur dieses «Versehens» ein Jahr später eine *Sonate für Violine und Klavier* mit der gleichen, doch diesmal zeitlich zutreffenden Widmung.

«Die Sonate frappiert buchstäblich vom ersten Ton an... Von den Ausführenden und den Hörern verlangt sie vor allem eine konzentrierte Arbeit des Intellekts. Die Gedanken des Künstlers sind hier so bedeutsam, daß sie über das eigentlich Persönliche hinausgehen und allgemeinbedeutend werden.

... Die bildlich-dramaturgische Bewegung in der Sonate... erfolgt in einer Art Spirale, bei der das die Spirale abschließende Finale gewissermaßen die Kontinuität des Seins verkörpert.»

*Sowjetskaja musyka*, 1969, Nr. 9.

Spirale. Drehung. Ewiger Kreislauf des Seins – in der Sorglosigkeit der Kindheit, im Scheitern der Hoffnungen, im Schmerz und in der Bitterkeit der Verluste. Und wie weise ist die Schlichtheit des kompositorischen Denkens ... Die musikalische Handlung schließt mit einem schlichten Dialog von Violine und Klavier, die mit philosophischem Stoizismus alle Unruhe und Spannung der beiden ersten Sätze überwunden haben, um in der Coda des Finales Versöhnung und lichte Trauer zu finden.

Die Erstaufführung der Sonate fand im Mai 1969 statt und erschloß den Anwesenden sowohl die einmalige künstlerische Welt Schostakowitschs als auch das in seiner künstlerischen Vollkommenheit und Reife einmalige Zusammenspiel von David Oistrach und Swjatoslaw Richter ...

Den Sommer 1969 verbrachte Schostakowitsch in einem Heim des Komponistenverbandes in Armenien, wo er sich seinem Schaffen widmen konnte. Er wußte, daß das Moskauer Kammerorchester bereits seine nächste, die *Vierzehnte Sinfonie* probte.

«... Der Plan zu dem neuen Werk ist lange gereift: Erstmals tauchte der Gedanke an dieses Thema bei mir schon im Jahre 1962 auf.

Damals orchestrierte ich Mussorgskis Vokalzyklus *Lieder und Tänze des Todes* ... Ob man nicht den Mut finden und das fortsetzen könnte, dachte ich mir. Doch damals wußte ich einfach nicht, wie man eine solche Idee verwirklichen sollte. Jetzt, nachdem ich eine ganze Reihe großer Werke der russischen und ausländischen Klassik gehört hatte, habe ich mich ihr wieder zugewandt.

Ich war frappiert davon, mit welch großer Weisheit und künstlerischer Kraft hier die ‹ewigen Themen› der Liebe, des Lebens und des Todes bewältigt werden, obgleich ich in der neuen Sinfonie auf meine eigene Weise an sie herangehe.»

D. Schostakowitsch. Aus einem Interview, *Prawda*, 25. April 1969.

Schostakowitschs Herangehen war tatsächlich neu, und zwar sowohl vom Gesichtspunkt der klassischen Behandlung «ewiger Themen» als auch vom Gesichtspunkt seiner früher geschriebenen Werke. Er sprach jetzt vom Tod, vom unnatürlichen, gewaltsamen Tod, der die Hoffnung auf Glück rigoros zerstört, die Schaffensfreude negiert und die Jungen und Liebenden umbringt. Er sprach jetzt von dem Tod, der nicht im romantischen Gewand eines verhängnisvollen Schicksals oder dem des unbarmherzigen Sensenmannes auftritt, sondern im realen und deshalb besonders unheilschweren Gewand menschlicher Ungerechtigkeit, Grausamkeit und Mordlust.

«Der Zusammenprall zweier Welten, der in Qual und Kampf errungene Sieg des Neuen, die Verteidigung des Menschen gegen faschistische Barbarei, Gemeinheit und Grausamkeit - all das, was wir in unseren Tagen mit dem Wort Humanismus bezeichnen -, bildete und bildet nach wie vor das Thema und den Inhalt ausnahmslos aller Werke des Komponisten. Und das der *Vierzehnten Sinfonie* gleichermaßen ... Das sind nicht einfach Gestorbene - das sind Ermordete, von der Realität und den Lebensbedingungen Ermordete. Und Schostakowitsch hat ihr Schicksal mit den Augen eines sowjetischen Musikers betrachtet, der die klassische Tradition mit seinen eigenen schöpferischen Erfahrungen verbindet.»
*Die Woche*, 1973, Nr. 6.

Schostakowitsch hatte erneut ein vokal-sinfonisches Werk geschrieben, für das er Verse von F. García Lorca, G. Apollinaire, W. Küchelbecker und R. M. Rilke wählte. Diese Auswahl geschah nicht zufällig. In den Versen dieser Dichter unterschiedlicher Nationalität, die nicht einmal Zeitgenossen waren, dieser in Weltanschauung und künstlerischer Eigenständigkeit so verschiedenartigen Dichter, vernahm er das Gemeinsame, das es ihm erlaubte, die elf (!) Sätze dieser Sinfonie zu einem einheitlichen kompositorischen Ganzen zu verbinden, ohne überflüssige Farbigkeit der Bilder und eine brüchige Form fürchten zu müssen.

Dieses Gemeinsame erlaubte ihm, den verhaltenen Monolog «De Profundis» (1. Satz) und den nervösen, aufreizenden Rhythmus der «Malagueña» (2. Satz) zu verknüpfen sowie die feinsinnige Lyrik des «Selbstmörders» (4. Satz) und die unverhohlene Grausamkeit von «Auf der Hut» (5. Satz), den Hohn und den Sarkasmus der «Antwort der Saporosher Kosaken an den Sultan von Konstantinopel» (8. Satz) und das feine, vornehme Schreiben an den Freund «O Delwig, Delwig» (9. Satz) miteinander zu verbinden. Dieses Gemeinsame – ungeachtet der thematischen Selbständigkeit der einzelnen Sätze und ungeachtet der ausgesprochenen Konkretisierung der Bilder und Personen in der vielsätzigen Tragödie – verlieh Schostakowitschs Werk gerade die *sinfonische* Einheit, weil in jedem Moment der musikalischen «Realität», dieser vielfältigen und veränderlichen Realität, die hohe, ethisch-philosophische Konzeption des Komponisten zum Ausdruck kam.

Das Finale der Sinfonie ist tief tragisch: Es bringt nicht die Erleuchtung der zur Ruhe kommenden Seele, sondern den leidenden, aufbegehrenden «Schrei» des ganzen Orchesters. Die Katharsis wird gleichsam «hinter den Rahmen» der Musik verlegt. Dennoch bleibt auch diese Tragödie – auf einer anderen Ebene, auf der Ebene der «ewigen Themen» des Seins – ein optimistisches Werk. In der Epoche der Katastrophen des 20. Jahrhunderts hört Schostakowitsch nicht auf, vom todbringenden Bösen zu reden, und wendet sich nicht nur dem Tagesgeschehen zu (wie z. B. in der *Siebenten*

*Sinfonie*), sondern verallgemeinert künstlerisch ganz verschiedenartige und scheinbar ganz abgelegene Erscheinungen der Wirklichkeit. Darin liegt auch die Aktualität seiner Lösung des Themas und die tiefe Weisheit seiner *Vierzehnten Sinfonie*.

«Wir haben hier eine durch nervliche Spannung ergreifende dramatische Szene, eine leiderfüllte Elegie, eine erhabene Ode und einen grotesken, ‹bösen› Scherzo-Marsch vor uns. Doch durch alle Abschnitte verläuft, sie vereinigend, die thematische Grundidee... Sie ist tragödienhaft... Die Beurteilung der *Vierzehnten* kann nicht davon abhängen, daß sie ‹düsterer› ist als eine Reihe anderer Werke dieses Komponisten. Den Wert eines Kunstwerkes kann man nicht bestimmen, indem man davon ausgeht, was in ihm überwiegt – Dur oder Moll, lichte oder traurige Musik. Denn stets geht es doch um die ‹höhere Aufgabe›...»
*Sowjetskaja musyka,* 1970, Nr. 1.


## Film, eine Sinfonie, Quartette, Vokalzyklen...

Das Schicksal wollte es, daß Schostakowitsch seinen letzten Film gemeinsam mit dem Regisseur seines ersten Films, mit Grigori Kosinzew, produzierte. Beide hatten Ende der zwanziger Jahre mit dem Film *Das neue Babylon* begonnen, arbeiteten ein Jahrzehnt später an der Trilogie über Maxim zusammen, beendeten 1964 den *Hamlet* und hatten jetzt wieder eine gemeinsame Arbeit vor sich.

«Lieber Dmitri Dmitrijewitsch! Anscheinend sind es regelmäßige Abstände (mal fünf, mal sieben Jahre), in denen ich mich mit immer derselben Bitte an Sie wende: eine Filmmusik zu komponieren. Diesmal geht es um

‹König Lear› ... Ich hoffe natürlich sehr auf Ihre Zusage.»

Aus einem Brief G. Kosinzews an D. Schostakowitsch. Mai 1968.

«König Lear» ... Natürlich sagte Schostakowitsch zu.

In den vielen Jahren künstlerischer Zusammenarbeit hatten der Komponist und der Regisseur gelernt, einander ohne viel Worte zu verstehen. Beide empfanden sie gleicherweise den hohen und reinen Gehalt der Shakespeareschen Tragödien. «... Um den ‹Lear› zu inszenieren, ist nicht ein Gefühl für das Maß, sondern das für das Leid notwendig» (Kosinzew). Beide besaßen sie dieses Gefühl.

Auf der Leinwand sieht man die gebeugte Figur des Narren. Ringsum brennen die Ruinen, Qualm zieht dahin, müde wiehern Pferde und klirren die Lanzen der Krieger. Jemand hebt einen niedergebrochenen Baumstamm auf und schleppt ihn weg, wobei er in dem Kehricht und den Überresten eine ungleichmäßige Furche hinterläßt. Der Narr schleppt sich, hin und her taumelnd, zu verkohlten Pfählen, knickt ungeschickt die Beine und setzt sich dann auf die Erde. Er biegt den Kopf zurück und ein leiser, dünner Laut dringt durch seine zusammengebissenen Zähne. Gewohnheitsmäßig tastet seine Hand über die Kleidung, die jetzt nur noch aus Lumpen besteht, und hebt eine unförmige, selbstgefertigte Flöte an die Lippen.

Mit dieser traurigen Flöte des Narren beginnt und endet der Film – ein Film über den Wert des Lebens und über die Wahrheit, die nur erkennbar wird, wenn sich das Bewußtsein getrübt hat; der Film über den achtzigjährigen König, der, «im Hirn verletzt», im Leid das Maß aller Dinge erkennt – was recht ist und was lügnerisch, was gut ist und was böse – ein König, der die grausame Welt, in der er gelebt hat, begreift.

Der Film wurde nicht in Farbe, sondern schwarz-weiß gedreht. Als künstlerische Mittel wählte man ganz einfache, sparsame und schlichte, damit nichts störe, damit nichts von dem Bericht über die bitteren Wege menschlicher Erkenntnis ablenke, damit dieser Bericht auch über seine Zeit erhoben werden, über die Historie, und ihm universale Kraft und Macht zuteil werde. Auch Schostakowitschs Musik war, in vollem Einklang mit der allgemeinen Idee, traurig, schlicht und einfach.

«Lieber Grigori Michailowitsch!

Ich sende Ihnen die Lieder des armen Tom ... Es ist eine gewisse Wehmut beim Vortrag dieser Lieder nötig ...»

Aus einem Brief D. Schostakowitschs an G. Kosinzew. Juni 1969.

«... Die Lieder, die Sie mir schickten ... haben mir sehr gefallen. Es sind gerade solche, wie man sie hören möchte: ländliche, wehklagende. Es wäre gut, wenn sich, wo nur möglich, alles Laut-Feierliche und Pathetische vermeiden ließe. Man muß eher schmerzerfüllte, traurig-menschliche Intonationen finden.»

Aus einem Brief G. Kosinzews an D. Schostakowitsch. Juli 1969.

Die Produzenten des Films kamen ohne prunkvolle Ouvertüre, ohne äußerliche Schlachtenmusik und lebensbejahende Akkorde, die in den Schlußszenen gewöhnlich den Zuschauer betäuben, aus. Die einstimmige traurige Melodie der Flöte, die nur hier und da vom Klagegesang des Chors oder den «Stimmen» von Tom und Cordelia abgelöst wird, «trug» auf ihren schwachen Schultern erstaunlicherweise die ganze gewaltige und komplizierte Welt der Tragödie des König Lear, denn sie war die Stimme der Wahrheit, sie war, nach den Worten Grigori Kosinzews, die Stimme des Autors selbst.

Im Frühjahr 1971 nahm Schostakowitsch am XXIV. Parteitag der KPdSU teil. Es wurden Fragen des nächsten Fünfjahrplans behandelt, Rechenschaftsberichte und Resolutionen vorgetragen, Veränderungen im Statut der Kommunistischen Partei erörtert und ein Friedensprogramm ausgearbeitet. Das war die gewohnte und notwendige staatliche Arbeit, bei der er, seit 1962 Deputierter des Obersten Sowjets der UdSSR, es immer als seine Pflicht betrachtete, rege daran teilzunehmen. Wenig später verlieh das Land dem Komponisten den Orden der Oktoberrevolution – in Anerkennung seiner Verdienste um den Staat.

Im Herbst desselben Jahres wurde bekannt, daß Schostakowitsch seine nächste, die *Fünfzehnte Sinfonie,* beendet hatte und das Große Sinfonieorchester des sowjetischen Rundfunks und Fernsehens bereits mit den Proben begonnen hatte. Die Proben und die Erstaufführung, die am 8. Januar 1972 stattfand, leitete Maxim Schostakowitsch.

«Die Sinfonie habe ich im Sommer 1971 komponiert. Ich arbeitete intensiv, doch ziemlich rasch an ihr – etwa zwei Monate. Ich bin sehr aufgeregt vor der Erstaufführung... Es ist immer schwer, von eigenen Werken zu sprechen, doch ich werde natürlich sehr froh sein, wenn die Hörer die *Fünfzehnte Sinfonie* gut aufnehmen.» D. Schostakowitsch in einem Interview mit *Moskau am Abend.* 2. Januar 1972.

Die Zuhörer erwartete ein Instrumentaldrama. Schostakowitsch empfand erneut die Notwendigkeit, zum rein Sinfonischen zurückzukehren, zur klassisch strengen, viersätzigen Komposition, in der es keinen Text gibt, dafür jedoch das ihm so gut bekannte Element der nichtprogrammatischen sinfonischen Musik, die sich um die Lösung der großen und komplizierten Fragen des Seins bemüht.

Die Sinfonie fiel lakonisch und sehr lyrisch aus, und die Kritik bemerkte sogleich eine gewisse Ähnlichkeit, gewisse unauffällige Zusammenhänge dieser neuen Sinfonie mit der *Neunten,* die seinerzeit so viel Aufsehen erregt hatte. Der rastlose, stets nach Neuem suchende Komponist hatte wieder eine neue Lösung der sinfonischen Form vorgelegt, und zwar nicht um des unterhaltsamen und ungezwungenen Spiels mit den klassischen Formen willen, das er sich gewiß erlauben konnte, sondern weil er einer inneren Stimme folgte, die ihm die Notwendigkeit gerade dieser Lösung diktierte.

Die viersätzige Sinfonie stellt gewissermaßen zwei einander gleiche Kreise dar, in denen jeweils auf eigenständige Weise ein Kampf zwischen Leben und Tod ausgetragen wird.

Zwei kristallklare und freudige Schläge eines Glöckchens eröffnen den ersten Satz der Sinfonie. Die Flöte intoniert eine schlichte, unbeschwerte Melodie, und schon treiben in reger und scherzhafter Tanzbewegung, einander unterbrechend, verschiedene Instrumentengruppen ihr Spiel: Es beginnt ein fröhliches Spektakel, Lärm und eine gutmütige Rauferei. Die Bewegung ähnelt mal einem Galopp, mal einer kindlich hüpfenden Polka, ohne Groteske, ohne jedwede Spur von Ironie, doch zärtlich und behutsam, wie an stürmische Phantasie erinnernd, an die Unbeschwertheit und strahlende Freude der Kindheit. In die allgemeine Fröhlichkeit brechen die appellartigen Stimmen zweier Trompeten ein, in denen der erfahrene Hörer sofort ein Zitat aus dem «Wilhelm Tell» von Rossini erkennt – eine ungestüme, freudige und strahlende Musik. Ist das ein Scherzo? Zweifellos. Es ist die heitere und sorglose Welt der Jugend, vielleicht die eines schönen Märchens, dem jeder sein Leben lang Liebe und Zärtlichkeit bewahrt.

Streng und schmerzerfüllt klingt der Choral, der den

zweiten Satz der Sinfonie einleitet. Ernst und zurückhaltend ist der Ton der Monologe, die nacheinander
vom Cello, von der Geige, von den Flöten und den Posaunen vorgetragen werden. Voll Trauer sind die
Klänge, voll Spannung die Kulminationspunkte und voller Leid die Schlußtakte der Melodien.

Der dritte Satz markiert einen neuen Kreis: Wieder
ist es ein leicht dahinschwebendes Scherzo, das jedoch ner-
vöser und erregter ist als das erste. Dies ist die reale
Welt, die komplizierte und ernste Welt, wo ein harmlo-
ser Scherz zu düsterem Sarkasmus wird und seelischer
Edelmut mitunter nur ein geringschätziges Lächeln her-
vorruft.

Und dann das Finale. Hier ist ebenfalls alles offenkundig, alles real, wird alles beim Namen genannt. Der
letzte Satz beginnt mit einer kurzen, fragenden Intonation, der eine lange Reihe von Assoziationen folgt - das
Schicksalsthema aus dem *Ring des Nibelungen* von Wagner, eine Art symbolisches Thema des romantischen
19. Jahrhunderts, welches stets suchte, stets unzufrieden
war, stets nach dem Schönen strebte und dieses Ideal
doch nie erreichte. Die Frage wird nun an Zeit und
Ewigkeit gerichtet.

Zerbrechlich und kindlich hilflos wirkt das elegische,
auf russische Weise gesangliche Thema, das nun nach langer
Pause erklingt. Sein Charakter ist wehmütig. Und die
ganze Zerbrechlichkeit, die ganze Zartheit dieses Themas wird besonders deutlich, wenn sich ihm plötzlich der
leblose Schritt einer zweiten Melodie nähert, in der sich
mühelos das Thema des feindlichen Überfalls aus der
*Leningrader Sinfonie* erkennen läßt. Die Helden sind
benannt und die Trauermonologe des Zweiten Satzes
machen, von jedweder Personifizierung weit entfernt, im
Finale zwei ausgesprochen konkretisierten Bildern Platz.

Die Gegenüberstellung und gleichzeitige Darbietung

dieser zwei Bilder scheint unnatürlich, so stark ist der Kontrast zwischen ihnen – schwarz und weiß, lebendig und tot, hoch und niedrig. Ein langer und qualvoller Anstieg bis zum Höhepunkt muß durchlaufen und der Höhepunkt selbst muß erlebt werden, um die Standhaftigkeit und den Mut einer zarten Melodie, die nach tiefster Verzweiflung und Trauer, nach der immer wieder an die Zeit gerichteten Frage auftaucht, in vollem Maße würdigen zu können.

Danach setzt die Coda des Finales und zugleich die Coda der ganzen Sinfonie ein. Die Bilder der vorangegangenen Sätze erscheinen und lösen sich allmählich in ihr auf. Immer reiner und transparenter wird der Orchesterklang, und nun erklingen nur noch kristallen und licht die Glöckchen und die Celesta, das Xylophon und der Triangel vor dem Hintergrund eines langgedehnten aufgehellten Streicherakkords. In völliger Ruhe, in tiefster Stille schließt die *Fünfzehnte Sinfonie*.

«Was bewegt in dieser Musik am meisten? Warum nimmt das Publikum sie so gespannt und erwartungsvoll auf? ... Jeder macht sich doch zumindest einmal in seinem Leben Gedanken über den Sinn seiner Existenz. Jeder hat den Schmerz unersetzlicher Verluste zu tragen und muß angesichts des Unausweichlichen tapfer sein. Mit der Zeit lernen wir es, ein warmes, freundliches Lächeln, die Weisheit einer schlichten Melodie, die verhaltene Schönheit der heimatlichen Natur und die liebevolle Anhänglichkeit eines uns nahen Menschen auf neue Weise zu schätzen.»

*Moskau am Abend*, 11. Januar 1972.

1973 schuf Schostakowitsch zwei neue Kammermusikwerke. Dem Gedenken Sergej Schirinskis, des Cellisten des Beethoven-Quartetts, widmete der Komponist sein *Vierzehntes Streichquartett* – eine durchgeistigte Musik von erhabener Schönheit. Die gleiche Strenge und natürliche Schlichtheit traten den Hörern in den *Sechs Gedichten von Marina Zwetajewa für Altstimme und Klavier* entgegen.

Am 15. November 1974 fand in Leningrad die Erstaufführung des *Fünfzehnten Quartetts* Schostakowitschs statt, eines Werkes, in dem der Komponist den Gipfel künstlerisch-schöpferischer Offenbarung erreicht hat.

«Diejenigen, die das Glück hatten, bei der Erstaufführung zugegen zu sein..., waren tief erschüttert - anders kann man diese Empfindungen nicht nennen... Wieder und wieder wendet sich Schostakowitsch der Frage zu, an der kein großer Künstler vorbeigehen kann - der Frage nach dem Sinn des Daseins. In weiser Erkenntnis begreift der Komponist die unausweichliche, dramatische Dialektik von Leben und Tod, von Sterben und Unsterblichkeit. Und all das wird in dem Quartett von der Kraft der vom Menschen geschaffenen unvergänglichen geistigen Schönheit beherrscht.»
*Leningrad am Abend,* 19. November 1974.

In der Zeit, als die Erstaufführung des *Fünfzehnten Quartetts* stattfand, wurden fast zufällig, in einem flüchtigen Zeitungsinterview, Schostakowitschs nächste Schaffenspläne bekannt. Er arbeitete bereits an einem Werk, das dem 30. Jahrestag des Sieges im Großen Vaterländischen Krieg gewidmet sein sollte.

«Ich habe das Gefühl, als wären nicht drei Jahrzehnte vergangen, sondern als wäre all das erst gestern geschehen. Und obgleich ich nicht gern Wechsel auf die Zukunft ausstelle, möchte ich doch sagen, daß ich an einem neuen sinfonischen Werk arbeite, das dem historischen Datum unseres Sieges gewidmet sein wird. Natürlich ist es noch zu früh, etwas Näheres zu sagen, und ich kenne auch Jewgeni Alexandrowitsch Mrawinskis[8]

---

8 Mrawinski war Chef der Leningrader Philharmoniker.

künstlerische Pläne nicht. Doch würde ich es gern sehen, daß dieses Werk in Leningrad uraufgeführt wird.»
D. Schostakowitsch. Aus einem Interview mit *Leningrad am Abend*. 15. Januar 1974.

Leider konnte dieses Vorhaben nicht verwirklicht werden. Aber anderes, von Schostakowitschs rascher, eckiger Handschrift bereits fixiert, wartete ungeduldig auf seine Erstaufführung.

Genau eine Woche nach dem bemerkenswerten Erfolg des *Fünfzehnten Quartetts* fand ebenfalls in Leningrad die Uraufführung von Schostakowitschs *Vokalsuite für Baßstimme und Klavier* statt, der Texte von Michelangelo zugrunde liegen. Der Komponist sucht hier mit größtmöglicher Klarheit und Schlichtheit der Tonsprache jene Mittel zu finden, die in besonderem Maße geeignet sind, zarte seelische Regungen aufzudecken. Er hatte sich jetzt der Renaissancedichtung zugewandt, für die sittliche Vollkommenheit des Menschen das Maß aller Dinge bildete.

«Dieser Mann ist nicht nur ein Italiener, er gehört allen Völkern - so wirkt Michelangelos Erscheinung. Seine Dichtkunst fesselt durch tiefe, philosophische Gedanken, durch einen ungewöhnlichen Humanismus und durch großartige Urteile über das Schaffen und die Liebe. Meiner Suite für Baßstimme und Klavier liegen acht Sonette und drei Gedichte von Michelangelo zugrunde. Hier findet sich sowohl Lyrisches als auch Tragisches, sowohl Dramatisches als auch zwei begeisterte Lobgedichte zu Ehren Dantes. Die Titel für alle Gesänge und Lieder habe ich mir selbst zu geben erlaubt - bei Michelangelo finden sich keine, doch sie ergeben sich aus dem Inhalt der Verse.»
D. Schostakowitsch. Aus einem Interview mit der *Leningrader Prawda*. 24. Dezember 1974.

Die Vokalsuite vereint elf Gedichte ganz verschiedenen Inhalts, ähnlich wie der *Vierzehnten Sinfonie* ganz verschiedenartige Verse zugrunde liegen. Sie heißen: «Die Wahrheit», «Der Morgen», «Die Liebe», «Trennung», «Zorn», «Dante», «Dem Vertriebenen», «Das Schaffen», «Die Nacht», «Der Tod» und «Unsterblichkeit». Die elf Gedichte bezeichnen gleich Meilensteinen die Hauptabschnitte des menschlichen Lebens. In ihrer prägnanten und gelassenen Reihenfolge tat sich dem Komponisten immer die gleiche schlichte Wahrheit auf.

In dieser Musik gibt es nichts Überflüssiges, nichts Äußerliches, nichts Zweitrangiges: Es sind dies gleichsam die sicheren und sparsamen Bewegungen eines Holzschnitzers, die plastische Klarheit einer Bildhauerarbeit und die strenge Ausdruckskraft des Steins.

Und gleich danach, als nächstes Werk, schrieb er die *Vier Gedichte des Hauptmanns Lebjadkin* (Aus den *Dämonen* von Dostojewski), die wie eine direkte Nachfolge der witzigen und grotesken *Charaktersatiren* auf Texte von Sascha Tschorny und der Romanzen aus der Zeitschrift *Krokodil* wirken. Nach dem erhabenen Michelangelo-Zyklus war das keine «Entladung», sondern die umfassende und tiefe Bekundung von Schostakowitschs vielfältigem, wandelbarem und klugem schöpferischem Wesen . . .

Mit besonderem Vergnügen fuhr er im Anschluß an die beiden Leningrader Erstaufführungen nach Moskau, wo im Musikalischen Kammertheater Schostakowitschs erste Oper *Die Nase* gespielt wurde, die der musikalische Leiter und Regisseur Boris Pokrowski im Herbst 1974 neuinszeniert hatte.

«Dmitri Dmitrijewitsch wollte die Oper seiner Jugend sehr gern in Rußland sehen. Ich spürte das bei einer Aufführung der *Nase* in Berlin ganz deutlich. Damals war Schostakowitsch dem Theater für die Aufführung sehr dankbar, geizte nicht mit Lob, suchte immer begeistertere Worte, doch seine Augen waren traurig. Uns lobte er nicht so, ja er lobte uns überhaupt nicht, doch mit uns *arbeitete* er, und seine Augen blickten gütig und glücklich.»

B. Pokrowski. *Befreiung von Voreingenommenheit.* 1976.

Vor dem Gebäude des Musikalischen Kammertheaters auf dem Leningradski-Prospekt in Moskau baten vor jeder Aufführung der *Nase* flehende Stimmen um ein übriggebliebenes Billett, während die glücklichen Besitzer einer Karte den engen, kleinen Theaterkeller bis auf den letzten Platz füllten. Dann erklangen die ersten Noten der Partitur, und in zügigem Tempo begann die Erzählung von der «unglaublichen Begebenheit» mit der Nase des Majors Kowaljow, begann das zweite Leben der «ersten originalen Oper, die auf dem Territorium der UdSSR von einem sowjetischen Komponisten geschrieben wurde» (Sollertinski).

## Opus 147, das letzte Werk

Vom 5. bis 13. Mai 1975 fand in Moskau das Kunst-Festival «Moskauer Sterne» statt. Während dieses alljährlich stattfindenden Musikfestes erklangen die *Vier Gedichte des Hauptmanns Lebjadkin* zum erstenmal. Es war dies die letzte Erstaufführung eines Werkes von Schostakowitsch, an der der Komponist teilnehmen konnte.

Am 2. Juni fuhr Schostakowitsch nach Leningrad, um eine neue Sinfonie seines Schülers Rewol Bunin zu hören. Am 6. Juni erschien in der Zeitung *Die sowjetische Kultur* Schostakowitschs Artikel *Eine Vereinigung hervorragender Musiker* über das Tanejew-Quartett, das sein *Fünfzehntes Quartett* erstmals aufgeführt hatte.

Nach und nach kam Material für ein Werk zu Ehren des 30. Jahrestages des Sieges zusammen, und mit voller Kraft ging bereits die Arbeit an einer *Sonate für Bratsche und Klavier* voran, die Schostakowitsch Fjodor Drushinin widmete, dem Bratschisten, der im Beethoven-Quartett Wadim Borissowskis Platz eingenommen hatte.

Wie gewöhnlich war für Schostakowitsch der Grundriß des neuen Werkes bereits vor der schriftlichen Fixierung des Werkes völlig klar. Den ersten Satz der Sonate stellte er sich «in der Art einer Novelle» vor. Der zweite Satz sollte ein Scherzo werden. Den Schlußsatz der Sonate, ein Adagio, widmete Schostakowitsch «dem Gedenken des großen Komponisten, dem Gedenken Beethovens». Am Morgen des 25. Juni 1975 schrieb er die ersten Skizzen zu dem neuen Werk nieder...

«... Am 25. September 1975, an seinem Geburtstag (an diesem Tag wäre er neunundsechzig Jahre geworden), versammelten sich nach einem Konzert, bei dem seine *Vierzehnte Sinfonie* - die über den Tod - aufgeführt worden war, die Freunde des Komponisten in seiner Wohnung. Namhafte Musiker spielten uns seine Sonate zum erstenmal vor: der Bratschist Fjodor Drushinin, dem Schostakowitsch die Sonate gewidmet hatte, und der Pianist Michail Muntjan. Das ist eine Sonate über das Leben und zum Ruhm des Lebens. Der letzte, der dritte Satz hat in seiner gespannt-eigensinnigen Lyrik in Schostakowitschs ganzem übrigen Schaffen wohl nichts Vergleichbares aufzuweisen.»

L. Arnschtam. *Die Musik des Heroischen.* 1977.

Schostakowitsch war es nicht mehr vergönnt, sein neues Werk zu hören. Die Freunde des Komponisten widmeten den Abend des 25. September seinem Gedenken. Schostakowitsch zu Ehren erklangen in den Konzerten, welche die neue Saison eröffneten, die *Vier-*

*zehnte Sinfonie,* das *Funfzehnte Streichquartett* und die *Suite für Baßstimme und Klavier* auf Verse Michelangelos. Zum Gedenken Schostakowitschs bereiteten Fjodor Drushinin und Michail Muntjan die *Sonate für Bratsche und Klavier* zur ersten öffentlichen Aufführung vor.

Diese Aufführung fand in Leningrad statt, im Kleinen Saal der Glinka-Philharmonie, am 1. Oktober - an dem Tag, der auf Beschluß des Internationalen Musikrates von der UNESCO zum ersten Internationalen Tag der Musik erklärt worden war. Auf Schostakowitschs Stammplatz in der fünften Reihe lagen Blumen...

... An jenem Junimorgen war freilich alles noch anders. Da gab es noch das Zimmer in dem Moskauer Krankenhaus und geschäftig hin und her eilendes medizinisches Personal. Schostakowitsch führte ein kurzes Telefongespräch mit Drushinin und er griff zu Notenpapier, auf das er hastig die ersten, ungleichmäßigen Zeilen des Opus 147 schrieb.

«Lieber Krzysztof !

Danke, daß Du an mich denkst, danke für Deinen Brief... Ich befinde mich jetzt im Krankenhaus. Ich habe Ärger mit meinem Herzen und mit den Lungen. Meine rechte Hand schreibt nur mit großer Mühe... Obgleich es sehr schwierig war, habe ich die *Sonate für Bratsche und Klavier* doch zu Ende geschrieben.»

Aus einem Brief D. Schostakowitschs an K. Meyer,[9] Juli 1975.

Die *Bratschensonate* beschloß die Trias von Schostakowitschs Sonaten für Streichinstrumente. 1934 war die *Cellosonate* entstanden, 1969 die *Sonate für Violine*

---

9  Es handelt sich um den 1943 geborenen polnischen Komponisten Krzysztof Meyer. Meyer verfaßte eine Schostakowitsch-Biographie, die 1980 im Verlag Ph. Reclam jun. in Leipzig erschien.

und jetzt die für Bratsche, ein Werk für das Instrument mit der wohl wärmsten und samtartigen Klangfarbe, das weder die Klangfülle des Cellos noch den «offenen» Klang der hohen Tonlagen der Violine aufweist und wie eine Vertrauen einflößende aufrichtige Stimme wirkt.

Dramatisch-aufgewühlt klingt der erste Satz. Gespannt und trocken fallen die leeren Töne der Bratsche in den Raum, düster antwortet und unterbricht sie das Klavier, dessen Klang ebenfalls spitz, trocken und erregt ist. Es entwickelt sich ein ernstes Gespräch, dessen Ende die nervöse Atmosphäre nicht aufhellt, sondern eher noch die düsteren, fast gramvollen Intonationen akzentuiert.

Der zweite Satz lenkt das Bewußtsein des Hörers auf scherzohaft-tänzerische Bildvorstellungen, in denen jedoch keine vollkommene Sorglosigkeit und festliche Fröhlichkeit liegt. Der unruhige Klang und die innere Spannung werden durch die episch-lapidaren, kurzen Motive des Klaviers und die entschlossenen, fast deklarativen Monologe der Bratsche nur noch hervorgehoben. Bald offensichtliche und bald verborgene Unruhe herrschen sowohl in der Welt des Geistes als auch in der Welt des aktiven Handelns.

Dann beginnt das abschließende Adagio. Ruhig fließt der kraftvolle Klangstrom der Bratsche, in dem anscheinend alle möglichen Intonationen der menschlichen Stimme hörbar sind. Dieser Klangstrom ist leidenschaftlich und pathetisch, er erhebt sich zu weltumfassender Trauer und löst sich in heiterer Ruhe auf, um sich erneut zu hoher Leidenschaftlichkeit aufzuschwingen. Und das Erstaunlichste ist der Hintergrund, der diesen einsamen und stolzen Klangstrom stützt und sorgsam trägt. In den fließenden, transparenten Figurationen des Klaviers ist deutlich der Widerhall des ersten, langsamen Satzes der

*Mondscheinsonate* von Beethoven herauszuhören. Eine lange Reihe von Assoziationen wird lebendig - Heroismus, «objektive» Subjektivität feinster seelischer Regungen, allerreinste, gehobene Lyrik, in welcher der Begriff «ich» von dem Begriff «Universum» untrennbar ist. Alles ist angemessen, alles vollkommen, alles gehorcht den einfachen, weisen und ewigen Gesetzen der Natur.

«... Dieses Finale ist auch das Credo... eines Künstlers, der alles Nichtige und Kleinliche beiseite gelassen hat. In all den letzten Werken Schostakowitschs ist das Motiv des Abschieds vom Leben vorhanden, und Leid und Trauer sprechen daraus. Und trotzdem drängt in dieser Sonate das Motiv des Guten, der Liebe, des allesbesiegenden Glaubens an das Leben alles übrige beiseite. Man hat den Eindruck, als habe ein unsichtbarer Baumeister D. D. Schostakowitschs ganzes Leben und Schaffen in eine unwiederholbare, geschlossene Form gefügt. Dmitri Dmitrijewitschs letztes Werk konnte wohl gar nicht anders aussehen...»
*Literaturzeitung,* 7. September 1977.

... Neben zwei Taktstrichen, die das Ende des Werkes bezeichnen, schrieb die Hand des Komponisten: «D. Schostakowitsch, 5. Juli 1975». An diesem Tag wurden die vierundsechzig Seiten des sorgfältig geprüften Autographs den Kopisten zugeleitet, und einen Monat später kehrten die Seiten zwecks endgültiger Überprüfung zum Komponisten zurück. Am 6. August wurde die *Sonate für Bratsche und Klavier* Fjodor Drushinin übergeben.

Am 9. August starb Dmitri Schostakowitsch.

Im Buch werden zitiert: Artikel und Aussprüche von Schostakowitsch, publiziert in der Zeitschrift *Die sowjetische Musik* und in überregionalen sowjetischen Zeitungen; Artikel und Tagebuchaufzeichnungen einiger Zeitgenossen von Schostakowitsch - bekannter Schriftsteller, Maler, Musiker, Film- und Theaterschaffender; Artikel der bedeutendsten sowjetischen Musikwissenschaftler B. Assafjew, I. Sollertinski, W. Bogdanow Berjosowski, I. Nestjew, W. Bobrowski u.a., desgleichen Archivmaterialien, die sich im Staatlichen Zentralarchiv für Kunst und Literatur der UdSSR und im Staatlichen Leningrader Institut für Theater, Musik und Kinematographie befinden.

Es wurden Photographien reproduziert, die im Staatlichen Zentralarchiv für Kunst und Literatur der UdSSR, im Staatlichen Zentralmuseum für Musikkultur «M. I. Glinka», im Staatlichen zentralen Theatermuseum »A. A. Bachruschin», im Staatlichen Leningrader Theatermuseum, im Staatlichen Leningrader Institut für Theater, Musik und Kinematografie, im Museum des Staatlichen Akademischen Kleinen Operntheaters in Leningrad und im Archiv der Familie Schostakowitsch aufbewahrt werden sowie Photographien von F. Furtownik, D. Kritschewski, W. Lukjanow, O. Makarow, S. Chenkin und A. Tschishenk.

# BILDTEIL

Die Eltern Sofja Wassiljewna und Dmitri Boleslawowitsch
Schostakowitsch

Mit der Schwester Maria. 1907

Mit der Mutter und den Schwestern bei einem Spaziergang. 1911

Maria, Mitja und Soja Schostakowitsch. 1913

Maratstraße 9, das Haus von Schostakowitschs Kindheit und
Jugend

Alexandra Alexandrowna Rosanowa, Schostakowitschs Klavierlehrerin 1918-19

Uliza Fontanka Nr. 22. Hier besuchte Schostakowitsch den Unterricht der Rosanowa.

Alexander Konstantinowitsch Glasunow und Maximilian Ossejewitsch
Steinberg

Steinbergs Klasse im Leningrader Konservatorium. In der Mitte:
Steinberg, in der hinteren Reihe 1. v. l.: Schostakowitsch; zwanziger
Jahre. «Der Unterricht in der Klasse von M. O. Steinberg war sehr
interessant. Neben dem Absolvieren der akademischen Diszi-
plinen und dem Unterricht in Komposition maß er der allgemeinen
musikalischen Entwicklung große Bedeutung bei. In seiner Klasse
spielten wir viel vierhändig, analysierten die Form der Instrumentierung der gespielten Werke. Maximilian Ossejewitsch erklärte
exakt und deutlich alles, was mit der Harmonielehre zusammenhing, immer lenkte er unsere Aufmerksamkeit auf in harmonischer
Hinsicht interessante Stellen in der Partitur und entwickelte unseren harmonischen Geschmack... Ich kann mich gänzlich für einen
Zögling von M. O. Steinberg halten.» (Schostakowitsch)

Dmitri Schostakowitsch und der Pianist Lew Oborin mit
Freunden; zwanziger Jahre

Dmitri Schostakowitsch und der Regisseur Wsewolod Meierhold.
1929

Das Staatliche Akademische Kleine Operntheater
in Leningrad (MALEGOT).
Hier fanden die Premieren von Schostakowitschs Oper
*Die Nase* (1930) und *Lady Macbeth von Mzensk* (1934) statt.

Die Aufnahmegruppe des Films *Goldene Berge*. Von links nach rechts: S. Jutkiewitsch, B. Poslawski, Sh. Martow, D. Schostakowitsch, L. Arnschtam. 1931

D. Schostakowitsch, W. Majakowski, W. Meierhold und A. Rod-
tschenko erörtern die Musik zu dem Stück *Die Wanze*. 1929. «Ich
wage nicht zu beurteilen, ob Majakowski meine Musik gefiel oder
nicht, er hörte sie an und sagte kurz: ‹Im großen und ganzen
geht's!› Diese Worte faßte ich als Zustimmung auf, denn Majakowski war ein sehr direkter Mensch und machte keine heuchleri-
schen Komplimente.» (Schostakowitsch)

P. Sassezki, der erste Darsteller des Sergej in der Oper *Lady Macbeth von Mzensk*. 1934

A. Sokolowa, die erste Darstellerin der Katerina in der Oper
*Lady Macbeth von Mzensk*

G. Orlow, der erste Darsteller des Boris Timofejewitsch in der
Oper *Lady Macbeth von Mzensk*

S. Balaschow, der erste Darsteller des Sinowi Borissowitsch in der
Oper *Lady Macbeth von Mzensk*

D. Schostakowitsch spielt sein *Klavierkonzert*. 1934

Die Jury des Mussorgski-Wettbewerbes. In der 2. Reihe Mitte: Leonid Nikolajew, Dmitri Schostakowitsch und Maximilian Steinberg. 1939

Mit Jewgeni Mrawinski. 1937. «Die bedeutendste menschliche Begegnung in Ihrem Leben? – Mit Schostakowitsch. – Die stärksten musikalischen Eindrücke? – Durch Schostakowitschs Schaffen. – Das Wichtigste in Ihrer Interpretationstätigkeit? – Die Arbeit an Schostakowitschs Werken.» (Mrawinski)

Große Puschkarskaja Nr. 37, das Haus der Leningrader Sinfonie.
Blick von der Kronwerkskaja

Mit Iwan Sollertinski. 1942

Auf der Straße im Leningrad der Blockade. Ein Plakat, das die
3. und 4. Aufführung der *Siebenten Sinfonie* ankündigt. August
1942

Mit Wladimir Sofronizki und Reinhold Glier; vierziger Jahre

Im Wald von Iwanowo. 1943

Dmitri Schostakowitsch, Marja Maksakowa, Alexej Tolstoj, Waleria Barssowa; vierziger Jahre

Ljubow Orlowa, Erast Garin, Grigori Alexandrow, Alexander
Zfasman und Dmitri Schostakowitsch. 1949

Mit Sergej Prokofjew und Aram Chatschaturjan; vierziger Jahre

An der Glinka-Gedenkstätte in Berlin. 1952

«*Die Nase*» in der Inszenierung an der Deutschen Staatsoper Berlin
1969/70

»Katerina Ismailowa« in der Inszenierung an der Deutschen Staatsoper Berlin 1973/74

«Die Nase» in der Inszenierung an der Deutschen Staatsoper Berlin
1969/70

«Katerina Ismailowa» in der Inszenierung an der Deutschen Staatsoper Berlin 1973/74

Mit dem Komponisten Juri Schaporin beim Anhören der *Elften Sinfonie*. 1957

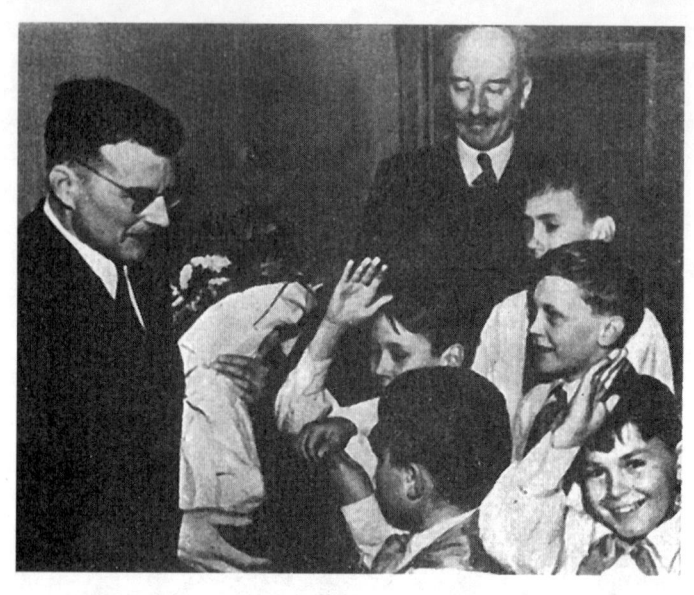

An Dmitri Schostakowitschs 50. Geburtstag. 1956

Mit Dmitri Kabalewski. 60er Jahre. «Ich habe das Gefühl tiefer
Unzufriedenheit, weil ich mir meiner Schwäche bewußt bin, selbst
wenn seine Persönlichkeit teilweise so umrissen ist, wie ich es
wünschen würde... Vielleicht gelingt mir einst auch das. Und
dann werde ich insbesondere davon schreiben, wie glücklich in
seiner Kunst der tiefe Gedanke mit seiner Fähigkeit zu scherzen, zu witzeln und sogar zu zerstreuen harmonisiert. Diese
letztere Eigenschaft schätze ich sehr an Schostakowitschs Musik.
Das Gefühl für Humor – ist eine höchst wunderbare Eigenschaft...» (Kabalewski)

Bei der feierlichen Zeremonie nach der Verleihung der Ehrendoktorwürde für Musik der Universität Oxford. 1958

Mit dem Schauspieler Nikolaj Tscherkassow; sechziger Jahre

Im Studio für Tonaufzeichnungen; sechziger Jahre

Dmitri Kabalewski, Dmitri Schostakowitsch und Aram Chatschaturjan. 1962

In der Künstlergarderobe des Großen Saals des Moskauer Konservatoriums. Schostakowitsch bei der Premiere der Dreizehnten *Sinfonie*. 1962

Auf einem Spaziergang in Repino. 1963

Dmitri Schostakowitsch und der Dirigent Jewgeni Mrawinski.
Der Große Saal des Moskauer Konservatoriums. 1964

Mit dem Dichter Jewgeni Jewtuschenko nach der Uraufführung
der *Dreizehnten Sinfonie*. 1962

Im Wagen des Zuges «Roter Pfeil»; sechziger Jahre

Mit einer Gruppe von Komponisten beim Anhören der Musik von
Luigi Nono. 1967

Am Schaufenster eines Notengeschäftes in Budapest; sechziger Jahre

Mit Swjatoslaw Richter und David Oistrach nach der Premiere
der *Sonate für Geige und Klavier*. Großer Saal des Moskauer
Konservatoriums. 1969

Beim Anhören der Filmmusik zu *König Lear*. 1970

Erörterung der *Fünfzehnten Sinfonie* von Dmitri Schostakowitsch im Sekretariat des Komponistenverbandes der UdSSR. 1971

Boris Polewoi überreicht Dmitri Schostakowitsch die Medaille des Sowjetischen Komitees zur Vereidigung des Friedens; siebziger Jahre

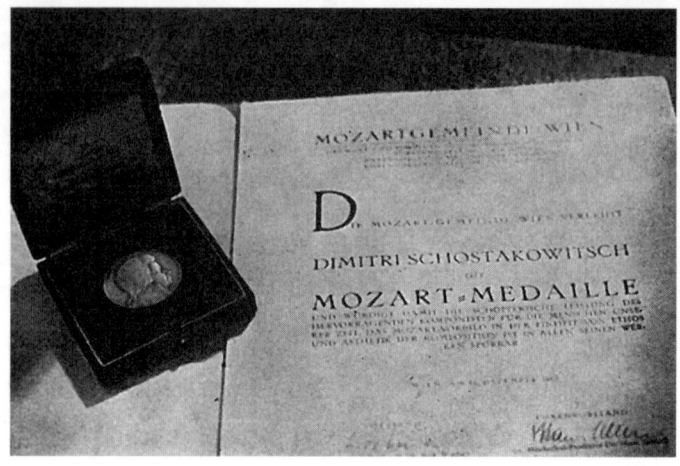

Diplom und Gedenkmedaille der Mozart-Gesellschaft in Wien

Im Allunionsstudio «Melodia» in einer Pause zwischen den Aufzeichnungen; siebziger Jahre

Mit den Mitgliedern des Beethoven-Quartetts. 1971

Mit dem Tanejew-Quartett. 1974

Nach der Aufführung des Vokalzyklus zu Michelangelo-Texten.
1975

248

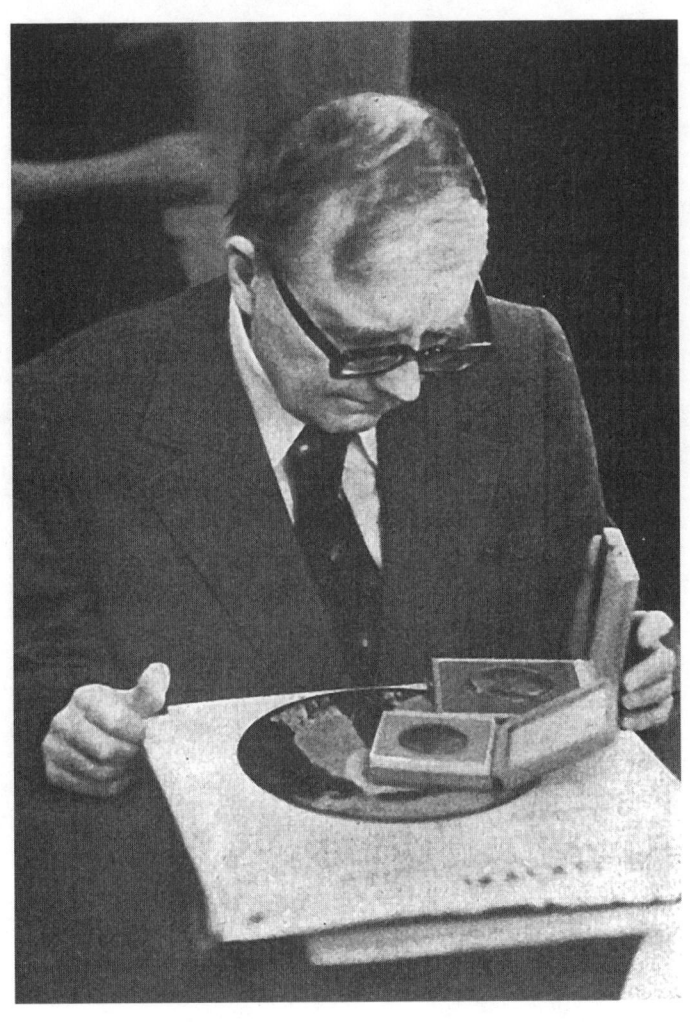

Nach der Verleihung der Smetana-Gedenk-Medaille. 1975

# VERZEICHNIS UND REGISTER
# DER WERKE SCHOSTAKOWITSCHS*

## I. Opern und Ballette
op.

- Juvenilia (1915-18):
  *Die Zigeuner* [*Cygany*] (Oper nach Puschkin)
  *Die kleine Meerjungfrau* (Ballett nach H. C. Andersen)

15 *Die Nase* [*Nos*] (Oper in 3 Akten/15 Tableaux und Epilog),
  Libretto: J. Samjatin, G. Ionin, A. Preis und Schostakowitsch
  nach Gogol, 1927-28, UA: 18.1.1930 Leningrad; 39, 63-75, 81,
  89, 91, 94-97, 188, 189

22 *Das goldene Zeitalter* [*Zolotoj vek*] (Ballett in 3 Akten/
  37 Tableaux), Libretto: A. Iwanowski, 1929-30,
  UA: 26.10.1930 Leningrad; 78-80, 82, 86, 88, 89, 104, 106

27 *Der Bolzen* [*Bolt*] (Choreographisches Spektakel in 3 Akten/
  7 Tableaux), Szenario: W. Smirnow, 1930-31, UA: 8.4.1931
  Leningrad; 81, 82, 85, 86, 88, 89, 104, 106

29 *Die Lady Macbeth aus dem Landkreis Mzensk* [*Ledi Makbet
  Mcenskogo uezda*] (Oper in 4 Akten/9 Tableaux), Libretto:
  A. Preis und Schostakowitsch nach Leskow, 1930-32, UA:
  22.1.1934 Leningrad, rev. als op.114; 91-100, 106, 107, 109,
  112, 118, 148, 161, 165

39 *Der helle Bach* [*Svetlyj ručej*] (Ballett-Komödie in 3 Akten/
  4 Tableaux), Szenario: F. Lopuchow und A. Piotrowski,
  1934-35, UA: 4.4.1935 Leningrad; 102-106, 112

- *Die Spieler* [*Igroki*] (unvollendete Oper), Libretto:
  Schostakowitsch nach Gogol, 1941-42, UA: 1978 Leningrad; 74

105 *Moskau, Tscherjomushki* [*Moskva, Čerëmužki*] (Musikalische
  Komödie in 3 Akten), Libretto: W. Mass und M. Tscherwinski;
  159, 160

114 *Katerina Ismailowa* [*Katerina Izmajlova*] (*Oper* in 4 Akten/
  9 Tableaux), Rev. von op. 29, 1956-63, UA: 8.1.63 Moskau;
  165, 166

---

* zusammengestellt von Christoph Flamm

## II. Schauspielmusiken

op.

## III. Filmmusiken

op .

253

89   *Das unvergeßliche Jahr 1919 [Nezabyvaemyj 1919 god]*
     (M. Tschiaureli), 1951, Premiere: 3.5.1952

95   *Das Lied großer Flüsse (Einheit) [Pesna velikich rek
     (Edinstvo)]* (J. Ivens), 1954, Premiere: November 1954

97   *Die Bremse [Ovod]* (A. Fainzimmer), 1955, Premiere:
     12.4.1955

99   *Die erste Staffel [Pervyj ešelon]* (M. Kalatosow), 1956,
     Premiere: 29.4.1956

111  *Fünf Tage - fünf Nächte [Pjat' dnej - pjat' nočej]*
     (L. Arnschtam), 1960, Premiere: 23.11.1961; 160

-    *Tscherjomushki [Čerjëmuzki]* (G. Rappoport), 1962, Premiere:
     30.12.1962; nach I: op. 105

116  *Hamlet [Gamlet]* (G. Kosinzew), 1963-64, Premiere:
     19.4.1964; 166, 179

120  *Ein Jahr wie ein Leben [God, kak žizn']* (G. Romal), 1965,
     Premiere: 1965

132  *Sofja Perowskaja [Sofja Perovskaja]* (L. Arnschtam), 1967,
     Premiere: 1968

137  *King Lear [Korol' Lir]* (G. Kosinzew), 1970, Premiere: 1970;
     180, 181

-    *Petersburger Tage* (G. Kosinzew), 1973, eingestellt

# IV. Orchesterwerke

op.

---

-    *Revolutionssinfonie*, 1915-18 (?)

1    Scherzo fis, 1919; 37

3    Thema und Variationen B, 1921-22; 37

7    Scherzo Es, 1923-34; 38

10   Sinfonie Nr 1 f, 1923-25, UA: 12.5.1925 Leningrad; 37, 40,
     42-46, 53, 89, 109, 113, 161

14   Sinfonie Nr. 2 H *Oktober [Posvjaščenie Oktjabrju]*
     (A. Besymenski) für Chor und Orchester, 1927, UA: 5.11.1927
     Leningrad; 58-60, 63, 64, 66, 77, 82, 89, 108, 109, 162, 164

15a  Suite aus *Die Nase*, 1927-28, UA: 25.11.1928 Moskau

20   Sinfonie Nr. 3 Es *Der erste Mai [Pervomajskaja]* (S. Kirsanow)
     für Chor und Orchester, 1929, UA: 21.1.1930 Leningrad;
     82, 83, 89, 108, 109, 162-164

- Ballett-Suite Nr. 3 (aus op. 22, 27, 37, 39), 1952 [ganz oder teilweise arr. von L. Atowmyan]

93 Sinfonie Nr. 10 e, 1953, UA: 17.12.1953 Leningrad; 153-155

- Ballett-Suite Nr. 4, 1953

96 *Festouvertüre*, 1947, UA: 6.11.1954

- Walzer aus op. 95, nach 1954

99a Fragmente aus *Die erste Staffel* für Chor und Orchester, 1956

102 Klavierkonzert Nr. 2 F, 1957, UA: 10.5.1957 Moskau

103 Sinfonie Nr. 11 g *Das Jahr 1905* [*1905 god*], 1956-57, UA: 30.10.1957 Moskau; 156-159, 161

107 Violoncellokonzert Nr. 1 Es, 1959, UA: 4.10.1959 Leningrad

- *Noworossijsker Glockenspiel* [*Novorossijskie kuranty*], 1960

112 Sinfonie Nr. 12 d *Das Jahr 1917 (Dem Gedenken Lenins)* [*1917 god (Pamjati Lenina)*], 1960-1961, UA: 15.10.1961 Moskau; 161-163

113 Sinfonie Nr. 13 b *Babi-Yar* (Jewtuschenko) für Baß, Baß-Chor und Orchester, 1961-62, UA: 18.12.1962 Moskau; 163-165

- Fünf Zwischenspiele aus *Katerina Ismailowa*, 1963 (?)

115 Ouvertüre über russische und kirgisische Volksweisen, 1963, UA: 10.10.1963 Moskau

126 Violoncellokonzert Nr. 2 g, 1966, UA: 25.9.1966 Moskau; 174

129 Violinkonzert Nr. 2 cis, 1967, UA: 26.10.1967 Moskau; 175

130 *Trauer-Triumph-Präludium* [*Traurno-triumfal'naja preljudija*], 1967, UA: 1967 Wolgograd

131 *Oktober* [*Oktjabr'*], Sinfonische Dichtung, 1967, UA: 16.9.1967 Moskau

135 Sinfonie Nr. 14 für Sopran, Baß, Streicher und Schlagzeug (Apollinaire, Küchelbecker, García Lorca, Rilke), 1969, UA: 29.9.1969 Leningrad; 176-179, 188, 190, 191

139 *Marsch der Sowjetmiliz* für Blasorchester, 1970

141 Sinfonie Nr. 15 A, 1971, UA: 8.1.1972 Moskau; 182-185

Anmerkung: Die Suiten op. 50a, 75a, 78a, 82a, 85a, 89a, 97a, 111a, 116a sowie zu op. 120 sind Bearbeitungen von Lewon Atowmyan; op. 118a arrangierte Rudolf Barschai.

# V. Chormusik
op.

# VI. Solistische Vokalmusik

op.

4     *Zwei Fabeln* (I. Krylow), Transkription für Mezzosopran und
      Klavier, 1921-22; 37-39

21    Sechs Romanzen auf Worte japanischer Dichter für Tenor
      und Orchester, 1928-32, UA: 24.4.1966 Leningrad

46    Vier Lieder auf Verse von Puschkin für Baß und Klavier, 1936,
      UA: 8.12.1940 Moskau (auch arr. für Baß und Orchester)

-     *Lied des Narren* und *Ballade der Cordelia* (aus op. 58a) für
      Gesang und Klavier, 1940 (?)

-     Lied (Heine), 1938 oder 1941, verschollen

62    Sechs Romanzen auf Verse englischer Dichter (Raleigh, Burns,
      Shakespeare) für Baß und Klavier, 1942, UA: 1943
      Kuibyschew; 136

62a   Sechs Romanzen, Transkription für Baß und Orchester, 1943,
      unveröff.

-     *Ein tapferes Mädchen wurde in seinem Heimatland geboren*
      (aus *Soja* op. 64) für Gesang und Klavier, 1944 (?)

-     Acht englische und amerikanische Volkslieder für tiefe
      Stimmlage und Orchester, 1944

72    Zwei Lieder (M. Swetlow) für Gesang und Klavier, 1945

79    *Aus jüdischer Volkspoesie* [*Iz evrejskoj narodnoj poezii*],
      Liederzyklus für Sopran, Contraltus, Tenor und Orchester,
      1948, UA: 19.2.1964 Gorky; 149

79a   *Aus jüdischer Volkspoesie*, Transkription für Soli und Klavier,
      1948, UA: 15.1.1955 Leningrad

84    Zwei Lieder (M. Lermontow) für Männerstimme und Klavier,
      1950

86    Vier Lieder auf Worte von J. Dolmatowski für Gesang und
      Klavier, 1951

91    *Vier Monologe* auf Verse von Puschkin für Baß und Klavier,
      1952

-     Griechische Lieder, arr. für Gesang und Klavier, 1952-53

-     Zwei Lieder (aus op. 95) arr. für Gesang und Klavier, 1954 (?)

98    Fünf Romanzen (*Lieder unserer Tage*) (J. Dolmatowski) für
      Baß und Klavier, 1954, UA: 16.5.1956 Kiew

-     *Es waren Küsse* (J. Dolmatowski) für Baß und Klavier, 1954 (?)

# VII. Kammermusik

op.

# VIII. Klavierwerke

op.

- Juvenilia (1915-18):
  Trauermarsch für die Opfer der Revolution; 20, 59
  Freiheitshymne; 20, 59
  Fantasie für zwei Klaviere
  *Der Soldat*; 19, 20, 59
  *Im Wald*
  Polka
  Menuett, Prélude und Intermezzo
  Zwei Mazurken („Murzilka")

2 Acht Präludien, 1919-20, UA: 15.7.1926 Leningrad; 24

- Fünf Präludien, 1919-20 (aus einer Sammlung von
  24 Präludien zusammen mit G. Clemence und P. Feldt)

5 *Drei fantastische Tänze*, 1920-22, UA: 1923 Petrograd;
  38, 39, 41

6 Suite fis für zwei Klaviere, 1922, UA: 20.3.1925 Moskau;
  38, 41

- Sonate b, 1924 (zerstört)

12 Sonate Nr. 1, 1926, UA: Dezember 1926 Moskau; 47, 53, 54,
  59, 89

13 *Aphorismen*, Zehn Stücke, 1927, UA: 1927 Leningrad; 57, 69,
  89

- Klavierauszug zu *Die Wanze* (Nr. 1-4) op. 19, nach 1929

- Klavierauszug zur 3. Sinfonie op. 20, nach 1929

34 24 Präludien, 1932-33, UA: 24.5.1933 Moskau; 100

- Polka aus *Das goldene Zeitalter*, 1935

61 Sonate Nr. 2 h, 1942, UA: 6.6.1943 Moskau; 135

69 *Kinderheft* [*Detskaja tetrad'*], Sieben Stücke, 1944-45,
  UA: 1945 Moskau

- 4. Sinfonie op. 43 arr. für 2 Klaviere, 1946

- *Freudiger Marsch* [*Vesëlyj marš*] für 2 Klaviere, 1949

87 24 Präludien und Fugen, 1950-51, UA: 23./28.12.1952
  Leningrad; 9, 151

- *Sieben Puppentänze* [*Sem' tancy kukol*], 1951

94 Concertino a für 2 Klaviere, 1953, UA: 20.1.1954 Moskau

- Tarantella aus *Die Bremse* op. 97 für 2 Klaviere, nach 1956

- 11 Variationen über ein Thema von Glinka, 1957 (Gemeinschaftskomposition mit sechs anderen sowjetischen Komponisten, 3 Variationen von Schostakowitsch)
- Polka aus *Das goldene Zeitalter* für Klavier zu 4 Händen, 1962

## IX. Bearbeitungen

op.

---

- Rimski-Korsakow: *In der Grotte wartend* [op. 40/41], arr. für Sopran und Orchester, 1921
16 Youmans, Vincent: *Tahiti Trot (Tea for two)* [Foxtrot aus *No, No, Nanette*], arr. für Orchester, 1927, UA: 25.11.1928 Moskau
17 Scarlatti: Zwei Stücke [Sonaten L. 413 und L. 375], arr. für Blasorchester, 1928, UA: 25.11.1928 Moskau
- Strawinsky: *Psalmensinfonie*, arr. für Klavier zu 4 Hd., 1930
- Dzershinski: *Die grüne Kompanie*, Ouvertüre, orchestriert, 1931
58 Mussorgski: *Boris Godunow*, neu orchestriert, 1939-40, UA: 4.11.1959 Leningrad; 120
- Strauß (Sohn): *Vergnügungszug* [Polka-Galopp op. 281], neu orchestriert, 1940, UA: 1940 Leningrad
106 Mussorgski: *Chowanschtschina*, hg. und orchestriert, 1959, ursprünglich für einen Film (Premiere: 23.5.1959), UA der Bühnenfassung: 25.11.1960 Leningrad; 121
124 Dawidenko: Zwei Chöre (Arrangements für Chor und Orchester), 1962, UA: 24.2.1962
- Mussorgski: *Lieder und Tänze des Todes*, arr. für Orchester, 1962, UA: 12.11.1962 Gorky; 121, 176
125 Schumann: Cellokonzert a-moll [op. 129], neu orchestriert, 1963, UA: 5.10.1963 Moskau
- Tischenko: Cellokonzert Nr. 1, umorchestriert, 1969
- Beethoven: *Flohlied* [op. 75/3], arr. für Baß und Orchester, 1975

# PERSONEN-, ORTS- UND STICHWORTREGISTER*

## A

Achmatowa [Gorenko], Anna
Andrejewa 124
Afinogenow, Alexander
Nikolajewitsch 114
Alexandrow, Alexander
Wassiljewitsch 123
Altai 76
Amerika 158
Anapa 37
Andronikow
[Andronikaschwili], Irakli
Luarsabowitsch 43
Apollinaire, Guillaume
[Wilhelm Apollinaris
Albert de Kostrowitzky]
177
Aristoteles 140
Armenien 176
Arnschtam, Lew Oskarowitsch
28, 31, 67, 76-78, 135, 190
ASM (Assoziation für
zeitgenössische Musik -
Assoziazija sowremennoj
musyki)
50-52, 60, 63
Assafjew, Boris
Wladimirowitsch
31, 51, 73, 74, 84, 96
Assejew, Nikolai
Nikolajewitsch 90

Awraamow, Arseni
Michailowitsch 50

## B

Bach, Johann Sebastian
19, 34, 35, 110, 113, 150, 151
Barsowa, Waleria
Wladimirowna 102
Bayern 158
Beethoven, Ludwig van
29, 34, 35, 100, 110, 113,
190, 193
Beethoven-Quartett 11, 41, 119,
141, 142, 173, 185, 190
Beljajew, Viktor Michailowitsch
51
Bely, Viktor Arkadjewitsch 51
Berg, Alban 30, 45, 51, 65
Berkowski, Nikolaj
Jakowlewitsch 93, 94
Berlin 44, 56, 188
Besymenski, Alexander Iljitsch
59, 63, 83, 85
Blok, Alexander Alexandrowitsch
58, 174
Bobyschow, Michail Pawlowitsch
102
Bogdanow-Beresowski,
Walerian Michailowitsch
31, 40, 41

* zusammengestellt von Christoph Flamm

# Z